まちごとチャイナ

Hong Kong 006 Newterritories

新界

新旧の出合う「香港郊外」

Asia City Guide Production

【白地図】香港

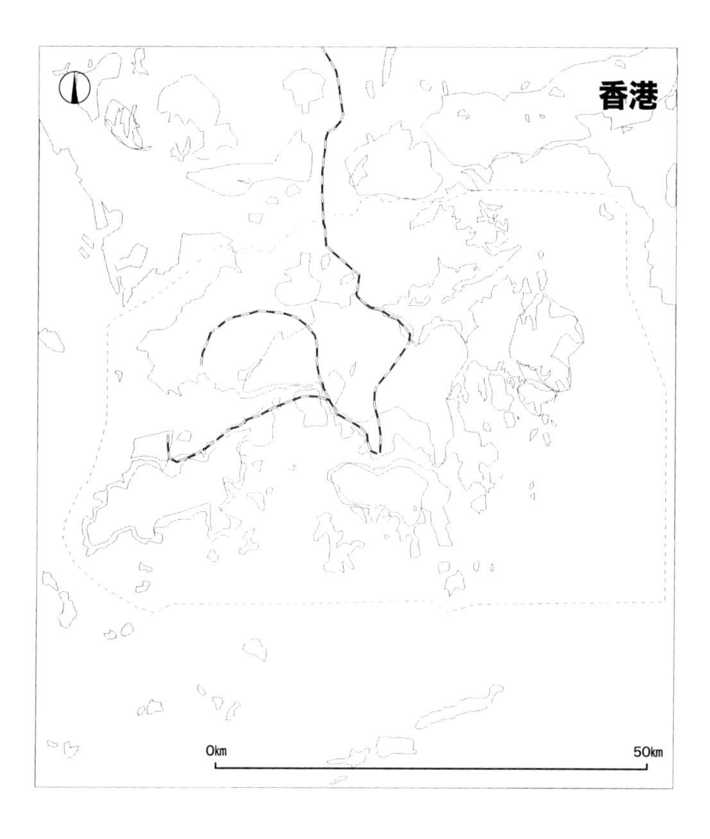
香港
0km
50km

【白地図】新界南部

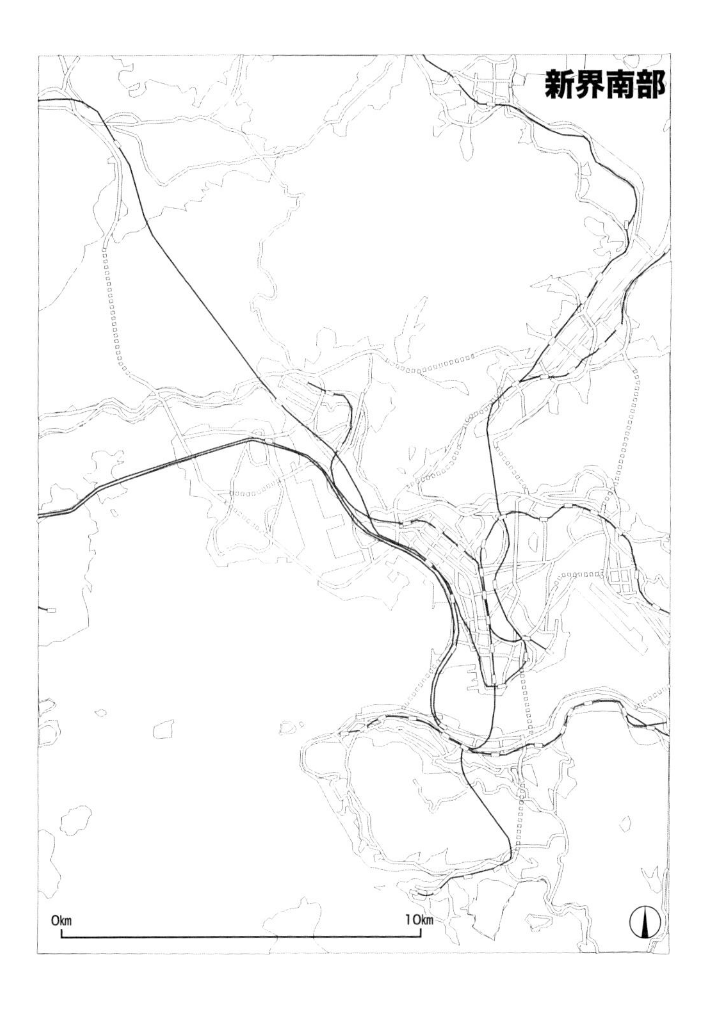
新界南部
0km
10km

【白地図】チュンワン荃灣

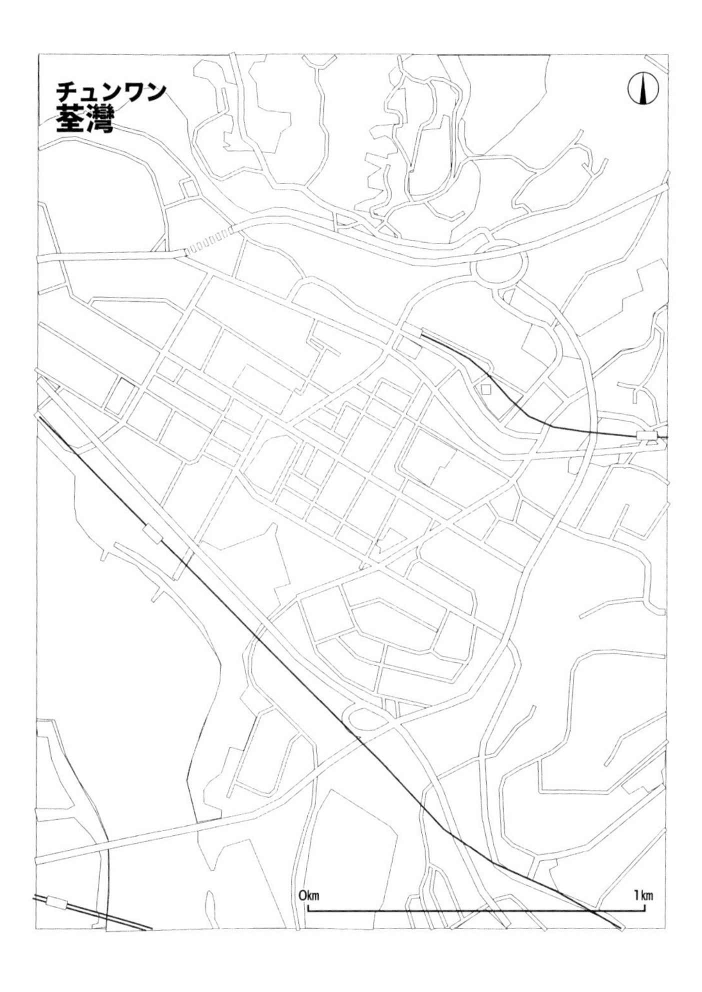
チュンワン
荃灣
0km
1km

【白地図】新界東部

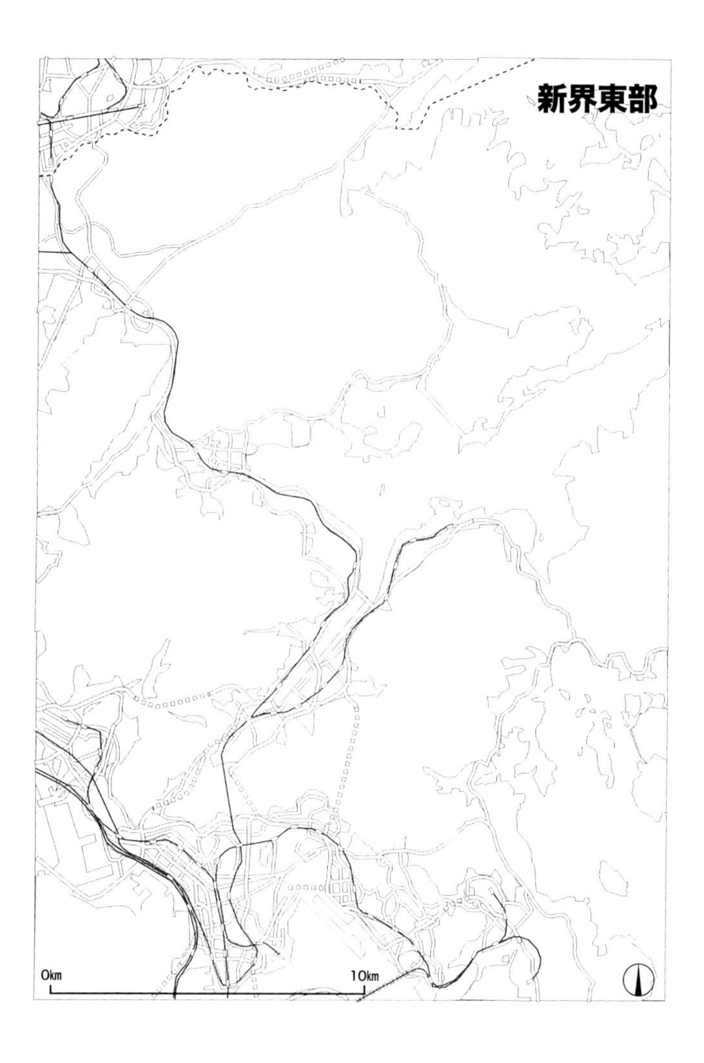
新界東部
0km
10km

【白地図】シャティン沙田

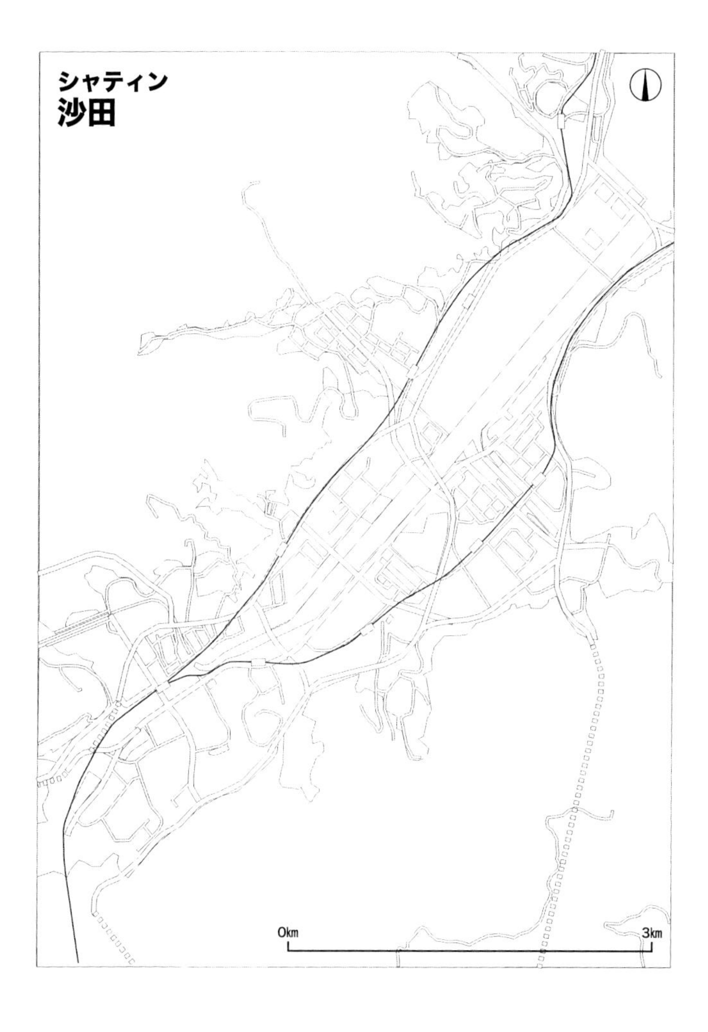
シャティン
沙田
0km
3km

【白地図】シャティン沙田中心部

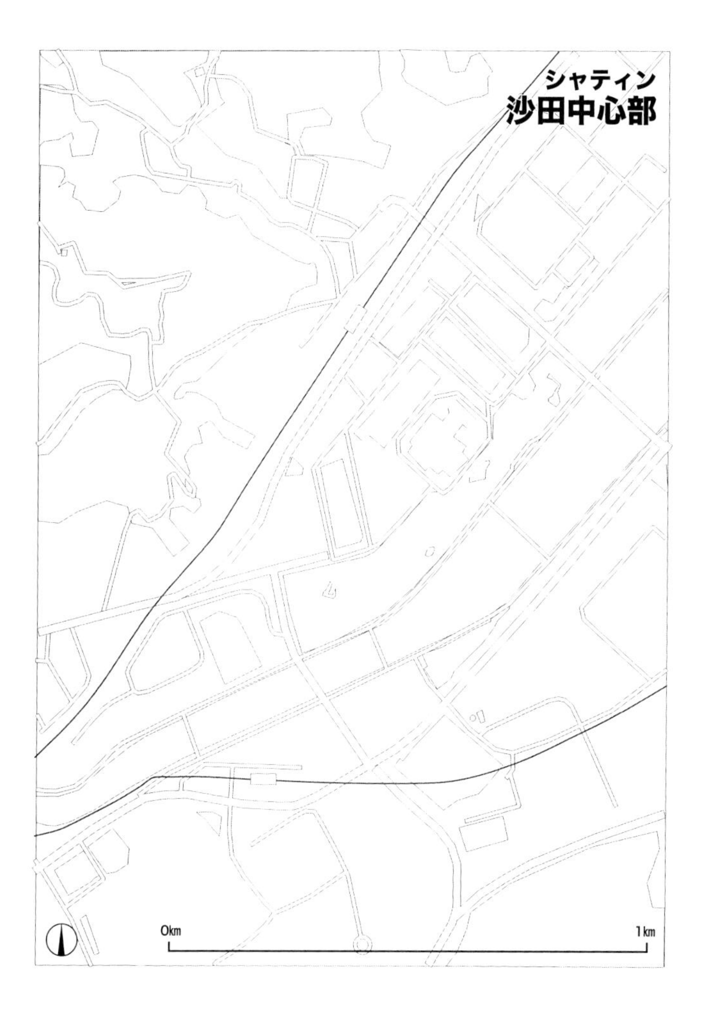
シャティン
沙田中心部
0km
1km

【白地図】タイポー大埔

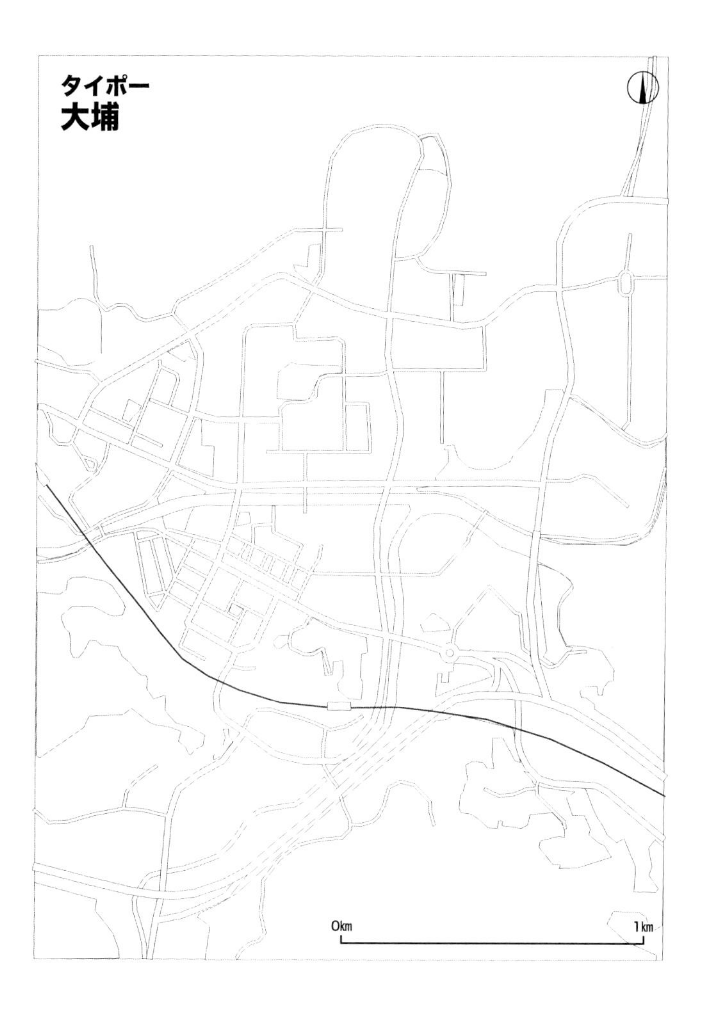
タイポー
大埔
0km
1km

【白地図】ファンリン粉嶺

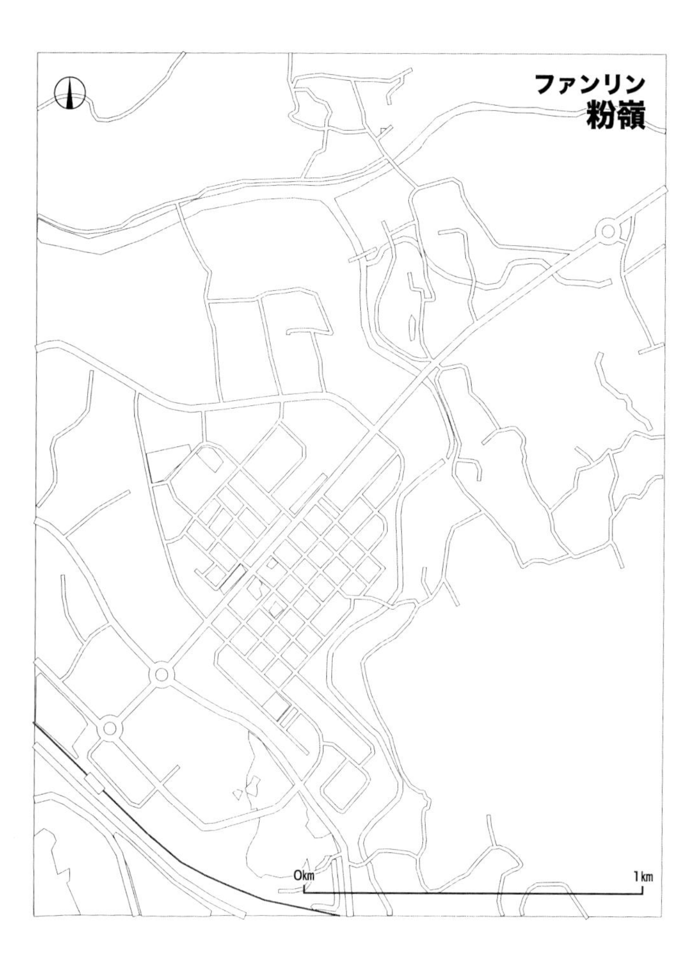
ファンリン
粉嶺
0km
1km

【白地図】ローウ羅湖

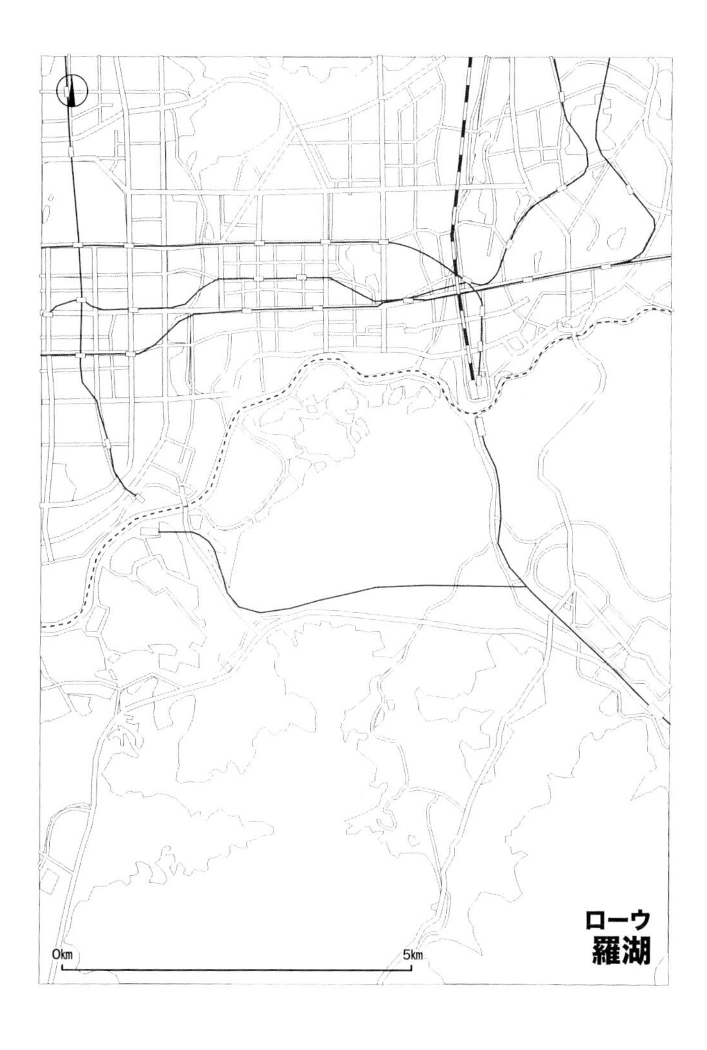
ローウ
羅湖
0km
5km

【白地図】サイクン西貢

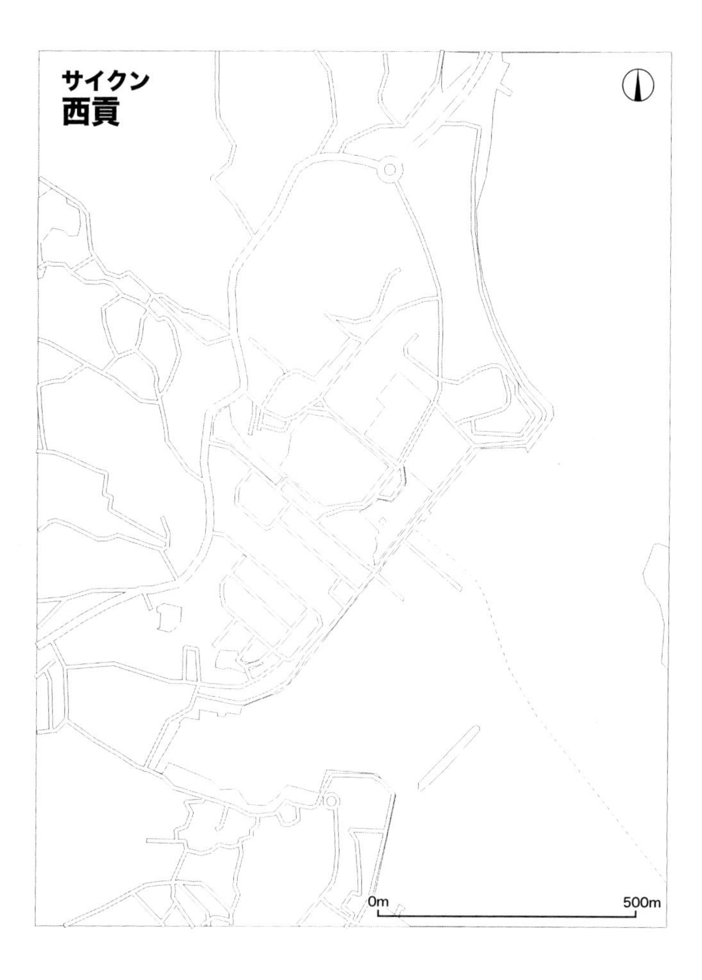
サイクン
西貢
0m
500m

【白地図】テュンムン屯門

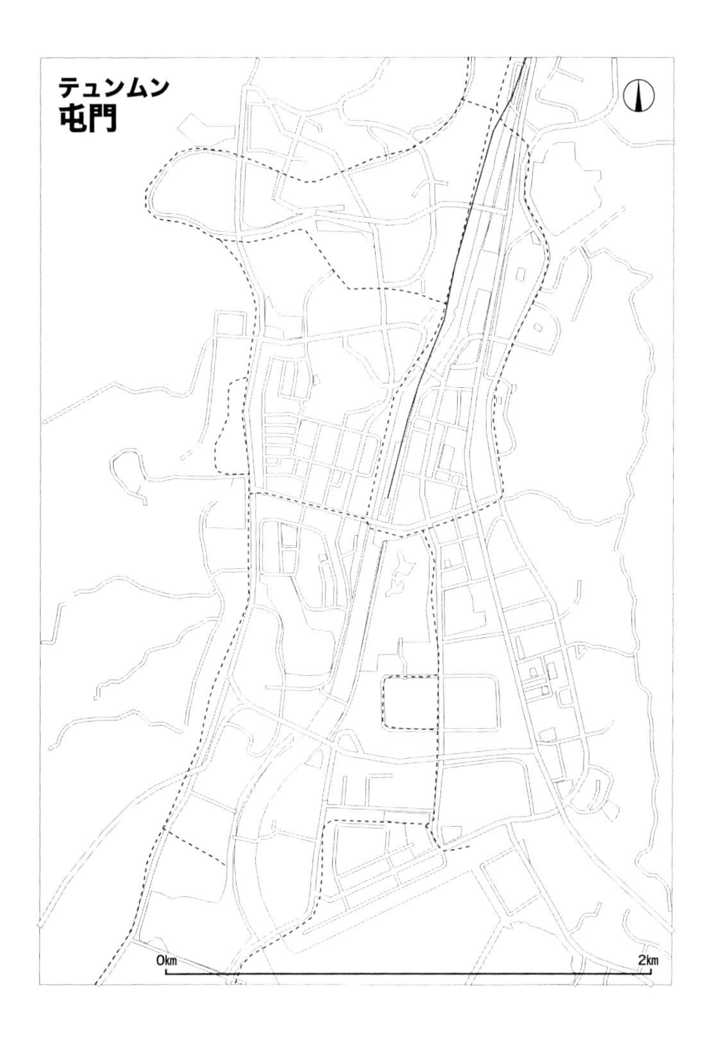
テュンムン
屯門
0km
2km

【白地図】新界西部

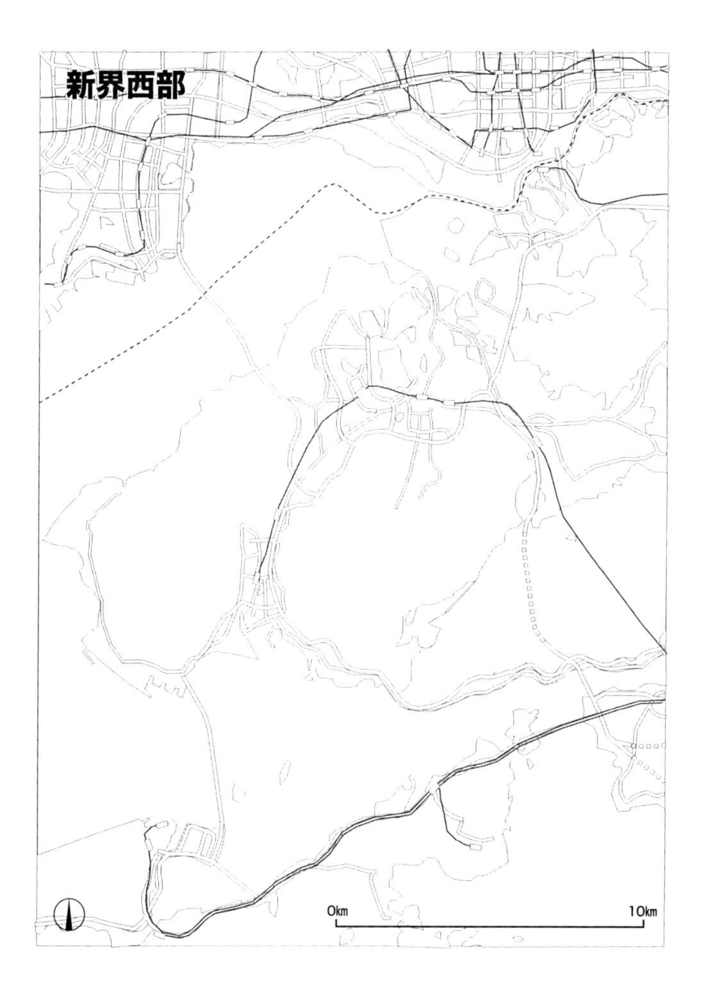
新界西部
0km
10km

【白地図】ユンロン元朗

ユンロン
元朗
0m
500m

【白地図】カムティン錦田

カムティン
錦田
0km
1km

【白地図】テンスイウェイ天水圍

テンスイウェイ
天水圍
0m
500m

【まちごとチャイナ】

香港 001 はじめての香港

香港 002 中環と香港島北岸

香港 003 上環と香港島南岸

香港 004 尖沙咀と九龍市街

香港 005 九龍城と九龍郊外

香港 006 新界

香港 007 ランタオ島と島嶼部

新界は中国広東省へ続く九龍半島のつけ根部分と島嶼部からなり、香港市街を大きくとり囲むように広がっている。北端には香港を追うように成長を続ける深圳との口岸（国境）が位置し、多くの人が香港新界と中国本土のあいだを行き交っている。

1842年の南京条約で香港島はイギリスに割譲されたが、この島は食料や水、資源を大陸に依存し、くわえて軍事防衛上の理由から後背地の獲得が考えられていた。1860年に九龍半島先端部が「割譲」され、続いて1898年に新界が99年間「租

新旧の出合う「香港郊外」
New Territories
ニュー・テリトリー

借」され、イギリス領香港は徐々に拡大することになった。

　こうしたなか長いあいだ、新界にはゆったりとした時間の流れる丘陵や田園が広がっていたが、20世紀後半にさしかかったあたりから、高層マンションが立ちならぶニュータウンが次々と生まれた。一方で、この地にはイギリス領となるはるか昔の宋代から、人々の暮らしがあったという歴史もあり、中国の古い伝統や宗族の文化を見ることもできる。

【まちごとチャイナ】

香港 006 新界

目次

【MEMO】

【地図】香港の［★★☆］

- □　沙田 Sha Tin シャティン
- □　大埔 Tai Po タイポー
- □　西貢 Sai Kung サイクン
- □　屯門 Tuen Mun テュンムン

【地図】香港の［★☆☆］

- □　羅湖 Lo Wu ローウ

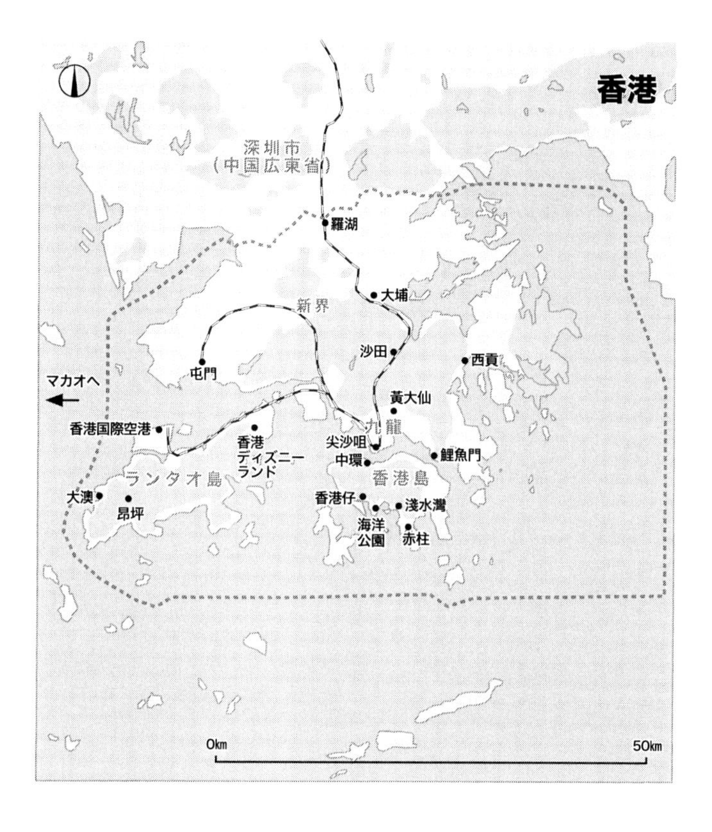
香港
深圳市
（中国広東省）
羅湖
大埔
新界
沙田
西貢
屯門
マカオへ
黄大仙
九龍
香港国際空港
香港
ディズニー
ランド
尖沙咀
中環
鯉魚門
ランタオ島
香港島
大澳
昂坪
香港仔
浅水灣
海洋
公園
赤柱
0km
50km

CHINA
香港

自然とニュータウンと

1898年、イギリスは九龍半島付け根部分の領土を獲得した
この新たな領土はニュー・テリトリー
中国語で新界と名づけられた

新界の地理

新界の領域は、九龍半島の界限街以北から深圳河の手前までの半島部と、昂船洲（九龍市街部とともに割譲された）をのぞく200あまりの島からなる。香港の面積1076.3k㎡のうち、90%以上を新界がしめ、隙間なく建物が林立する香港島や九龍市街部と違って、青々とした山や田園など美しい自然が広がる。便宜的にランタオ島をはじめとする島嶼部は新界とわけて考えられることが多く、また界限街の北でも獅子山以南は九龍と見なされる。新界北端を流れる深圳河は、1997年以前、イギリスと中国の国境だったところで、現在でも香港

▲左　成熟した都市文化を感じられる新界　▲右　右の海水と左の淡水をわける堤防

と中国では異なる体制が敷かれている。

租借された新界

19世紀になると清朝は弱体化し、フランス、ドイツ、ロシアなどの欧米列強が中国の権益獲得を目指すようになっていた。イギリスは「割譲」させた香港島、九龍に続いて、1898年、香港境界拡張専門協約を清朝と結び、新界をその領土とした。この新界獲得にあたって使われた文言が、「割譲」ではなく「99年間の租借」というものだったため、1898年から99年が経った1997年を迎えるにあたって、香港が返還されるきっかけになった（「99」は「久久」と読むことができ、それはとても長い期間や永久租借を意味していた）。中国とイギリスとの交渉の結果、不平等条約で割譲された香港島や九龍も新界の租借期限にあわせて、1997 年に返還された。香港島や九龍は、それ自体では食料、資源などを自活できないという理由もあった。

新界の宗族

1898 年にイギリスが新界を獲得したとき、この地には清朝の新安県（今の香港と深圳をあわせた領域）がおかれていて、新界には 700 もの集落があったと伝えられる。そこでは黄河

▲左　限られた土地を有効に使うため高層化した。　▲右　赤い外壁と緑色の屋根をもつ車公廟

中流域の戦乱を逃れるようにして移住してきた客家はじめ、宋代から1000年に渡って伝統的な営みを行なう一族の姿があった（そのため、香港島や九龍の場合と違って、イギリスの進出に対してかなりの抵抗が見られた）。古くから新界に暮らしていた人々は、広東語を話す本地人、客家語を話す客家人に大別され、本地人は唐代までに南方に移住してきた漢族の末裔、客家はより遅れて移住してきて北方の文化を残す人々（遅れてきたため丘陵地に暮らす）だとされる。新界では、共通の祖先をもつ父系集団である宗族で集住し、強い絆を保ちながら生活する様子が今でも見られる。

【地図】新界南部の［★★☆］

- □　荃灣 Tsuen Wan チュンワン
- □　沙田 Sha Tin シャティン
- □　大埔 Tai Po タイポー
- □　錦田 Kam Tin カムティン

【地図】新界南部の［★☆☆］

- □　大帽山 Tai Mo Shan ダイモウサン
- □　城門水塘 Shing Mun Reservoir シンムン・レザボア
- □　深井 Sham Tseng サムジェン
- □　青衣島 Tsin Yi Island チンイー島
- □　青馬大橋 Tsing Ma Bridge チンマ・ブリッジ
- □　青嶼幹綫觀景臺 The ACP Exhibition Centre ランタオリンク展望台
- □　吉慶圍 Kat Hing Wai カッヒンウェイ

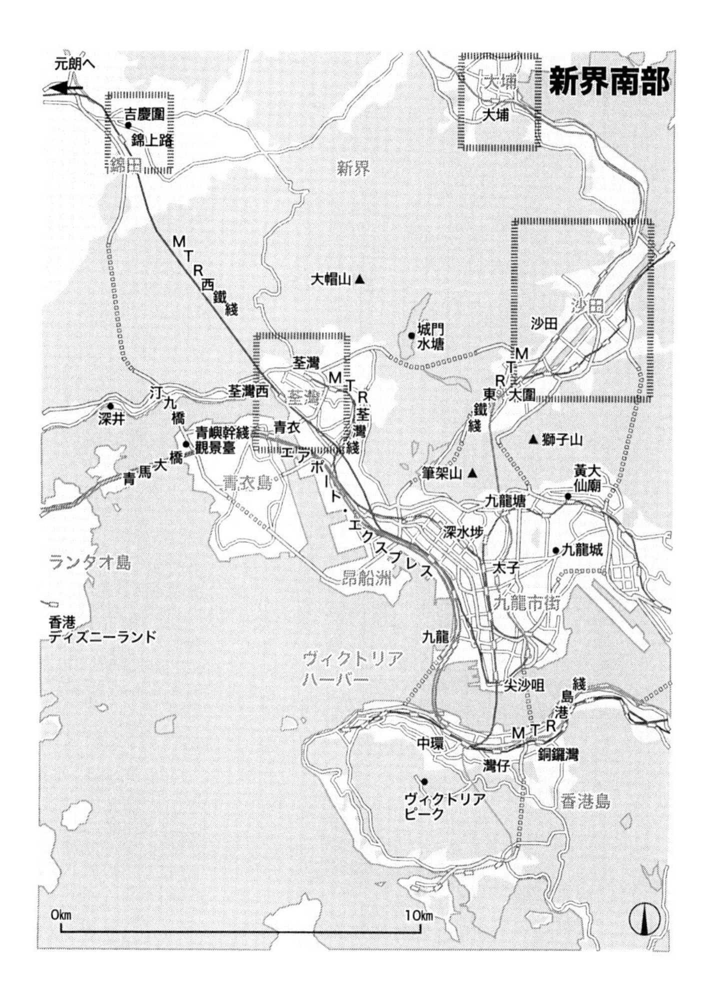
新界南部
元朗へ
吉慶圍
錦上路
錦田
大埔
新界
MTR西鐵綫
大帽山
城門水塘
沙田
MTR東鐵綫
大圍
荃灣
荃灣西
MTR荃灣綫
汀九橋
深井
青嶼幹綫観景臺
青衣
青馬大橋
エアポート・エクスプレス
青衣島
獅子山
筆架山
黄大仙廟
九龍塘
深水埗
九龍城
太子
ランタオ島
昂船洲
九龍市街
香港ディズニーランド
九龍
ヴィクトリアハーバー
尖沙咀
MTR港島綫
中環
灣仔
銅鑼灣
ヴィクトリアピーク
香港島
0km
10km

【MEMO】

Guide, Tsuen Wan
荃灣城市案内

香港島、尖沙咀から伸びるMTR荃灣綫
荃灣はいち早くベッドタウンとして開発され
新旧の交じる街並みとなっている

荃灣 Tsuen Wan チュンワン［★★☆］

香港最高峰の大帽山（957m）の南麓に位置する荃灣。香港島、九龍市街を通るMTR荃灣綫の終点駅がおかれ、新界西部への起点にもなっている。この街は香港中心部への利便性がよく、新界のなかでも比較的早くから開発が進んだことでも知られる（高層マンションが立ちならぶなか、昔ながらの商店街も残っている）。またイギリス統治以前の18世紀からこの地には客家の集落があり、三棟屋博物館はその代表的なものとなっている。

【地図】チュンワン荃灣の［★★☆］

- □　荃灣 Tsuen Wan チュンワン

【地図】チュンワン荃灣の［★☆☆］

- □　竹林禪院 Chuk Lam Monastery
  チュックラム・モナストリー
- □　三棟屋博物館 Sam Tung Uk Museum
  サンタンウック・ミュージアム
- □　如心廣場 Nina Tower ニーナ・タワー
- □　青衣島 Tsin Yi Island チンイー島

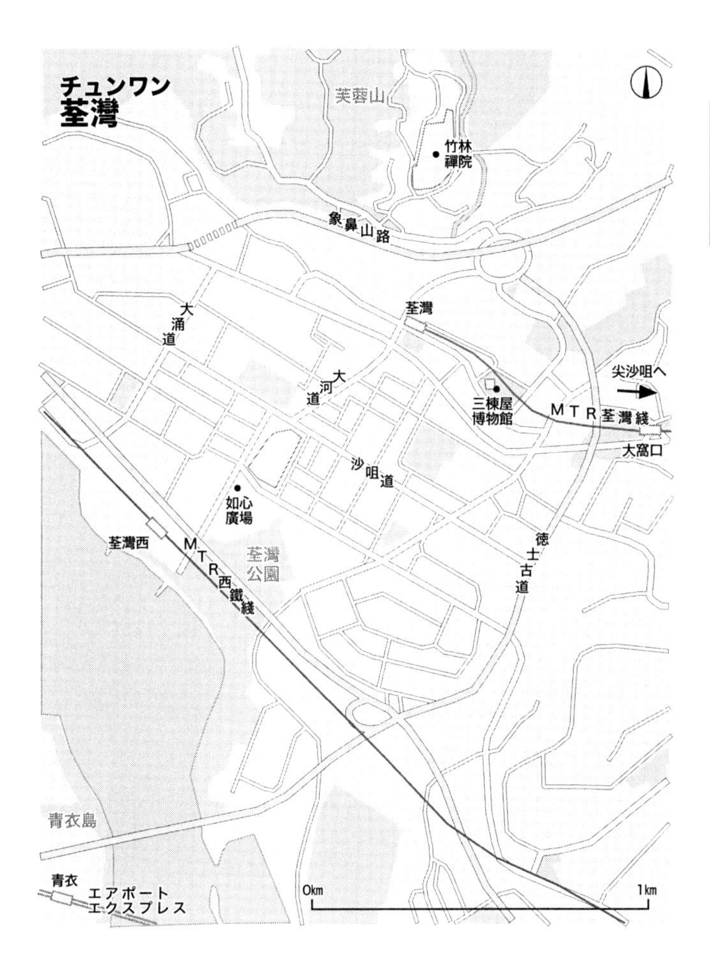
チュンワン
荃灣
芙蓉山
竹林禪院
象鼻山路
荃灣
大涌道
大河道
尖沙咀へ
三棟屋博物館
MTR荃灣綫
大窩口
沙咀道
如心廣場
荃灣西
MTR西鐵綫
荃灣公園
徳士古道
青衣島
青衣
エアポート
エクスプレス
0km
1km

竹林禪院 Chuk Lam Monastery
チュックラム・モナストリー［★☆☆］

荃灣北に広がる芙蓉山に立つ仏教寺院、竹林禪院。1928 年、融秋法師によって建立され、このあたりに竹が生い茂っていたこと、ブッダの時代にあった僧園、竹林精舎にちなんでこの名前がつけられた。この寺にはタイから送られた金色の四面菩薩が安置されている。

▲左　春巻きにお茶、香港人の朝食飲茶。　▲右　九龍市街へのアクセスもよい荃灣

三棟屋博物館 Sam Tung Uk Museum
サンタンウック・ミュージアム［★☆☆］

三棟屋博物館は、1786年にこの地に集落を開いた客家の陳一族の邸宅跡で、1987年、博物館として開館した（建てられてから200年以上が経過しているため、何度か改修されている）。外壁に囲まれた正方形の敷地の中心に先祖をまつる祠堂があり、四合院と呼ばれる伝統的な建築が見られる。

香港

如心廣場 Nina Tower ニーナ・タワー［★☆☆］

如心廣場は荃灣西駅の前に立つ荃灣のランドマーク。高さ318.8m、80 階建ての超高層建築で、オフィスやショップ、ホテルなどが入る複合施設となっている。

大帽山 Tai Mo Shan ダイモウサン［★☆☆］

新界中心部にそびえる香港最高峰の大帽山（標高 957m）。亜熱帯の自然が残っていて､周囲は郊野公園に指定されている。香港では 1976 年に自然保護を目的とした条例が施行され、全面積の 4 割近くが自然保護区となっている。

▲左　荃灣では古い街並みも見られる。　▲右　荃灣のランドマークとも言える如心廣場

城門水塘Shing Mun Reservoirシンムン・レザボア［★☆☆］

大帽山を源に発し、香港の貴重な水源となっている城門水塘。第二次大戦のとき、日本軍がこの水源をおさえることで九龍制圧の足がかりにしたという歴史もある。

深井 Sham Tseng サムジェン ［★☆☆］

荃灣の西に位置する深井。対岸の青衣島とは汀九橋で結ばれている。屯門へ続く道からは美しい眺めが見られる。

青衣島 Tsin Yi Island チンイー島［★☆☆］

九龍半島と大嶼山のあいだに浮かぶ青衣島は、香港でも 5 番目に大きな島。荃灣からも高層ビルがそびえる様子が見える。大嶼山沖の空港建設にともなって、青馬大橋が敷設され、青衣島を機場快綫が走るようになった。

青馬大橋 Tsing Ma Bridge チンマ・ブリッジ［★☆☆］

空港のあるランタオ島と香港中心部を結ぶ全長 2200m の青馬大橋。構造用の綱に 4 万 9000t もの鉄が使用され、頻繁に発生する台風にも耐えうるよう当時の最先端の技術をもって

▲左　遠くに見える青馬大橋。　▲右　荃灣西駅から元朗や屯門へと路線は続く

架けられた。

青嶼幹綫觀景臺 The ACP Exhibition Centre ランタオリンク展望台［★☆☆］

青衣島の最西端に立つ青嶼幹綫觀景臺。青馬大橋の美しい姿が見られるほか、ここから西側のランタオ島、北側の新界ものぞむことができる。

【地図】新界東部の［★★☆］

- □　沙田 Sha Tin シャティン
- □　大埔 Tai Po タイポー
- □　大美督 Tai Mei Tuk ダイメイトク
- □　西貢 Sai Kung サイクン
- □　荃灣 Tsuen Wan チュンワン

【地図】新界東部の［★☆☆］

- □　大帽山 Tai Mo Shan ダイモウサン
- □　城門水塘 Shing Mun Reservoir シンムン・レザボア
- □　吐露灣 To Lo Harbour トンロー・ハーバー
- □　赤門海峽 Tolo Channel チッムンホイハップ
- □　粉嶺 Fan Ling ファンリン
- □　羅湖 Lo Wu ローウ
- □　沙頭角 Sha Tau Kok サータウコ
- □　西貢半島 Sai Kung Peninsula サイクン・ペニンシュラ
- □　滘西洲 Kau Sai Chau カウサイ島

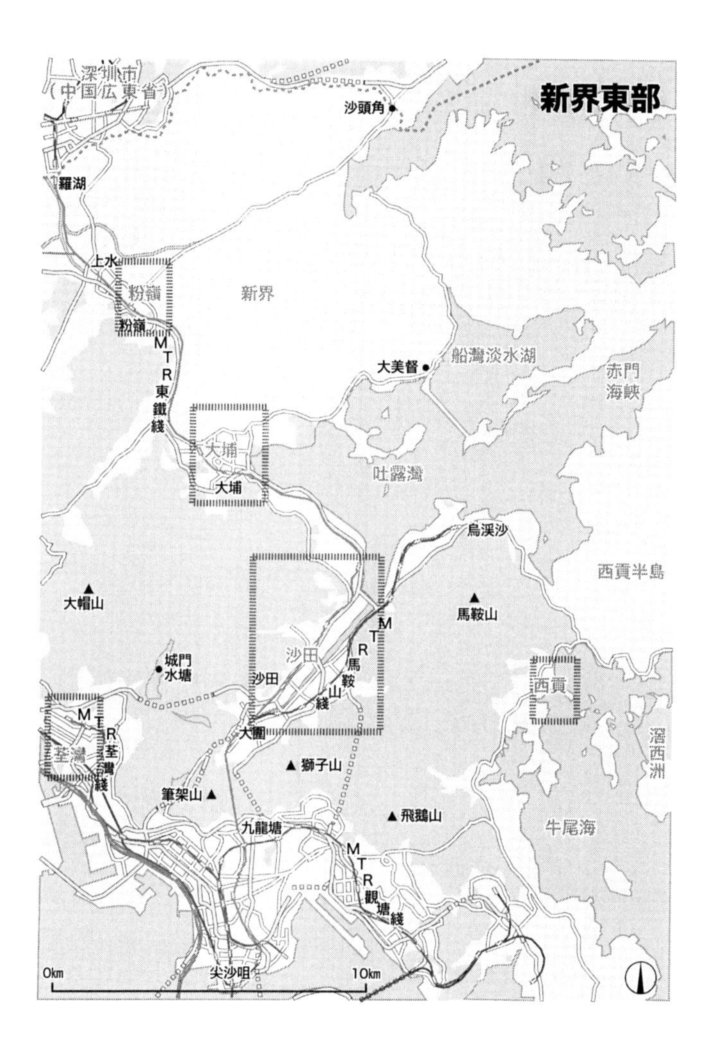
新界東部
深圳市
（中国広東省）
沙頭角
羅湖
上水
粉嶺
新界
粉嶺
MTR東鐵綫
大美督
船灣淡水湖
赤門海峽
大埔
大埔
吐露灣
烏溪沙
西貢半島
大帽山
馬鞍山
沙田
MTR馬鞍山綫
城門水塘
沙田
西貢
大圍
MTR荃灣綫
荃灣
獅子山
滘西洲
筆架山
飛鵝山
九龍塘
牛尾海
MTR觀塘綫
0km
10km
尖沙咀

Guide,
Sha Tin

沙田
城市案内

CHINA
香港

新界の入江を埋め立てることでつくられた
ニュータウン沙田
香港人を熱狂させる競馬場も位置する

沙田 Sha Tin シャティン［★★☆］

九龍市街から九廣鐵路（東鐵綫）に乗って北上し、トンネルを抜けた場所に位置する沙田。香港中心部から見ると、ちょうど新界への入口にあたり、1970年代ごろからニュータウンとして開発が進んだ（かつてここは北西に大帽山、南に獅子山をのぞむのどかな漁村に過ぎなかった）。九龍や香港島に通勤する人のベッドタウンとなっていて、運動場や文化施設も多く、埋め立て地には沙田馬場もある。

▲左　人気店には人が集まる。　▲右　城門河のほとりに開けた沙田

ニュータウンの登場

度重なる難民の流入、人口増に応えるため、香港では1970年ごろから、香港郊外の新界に沙田や屯門などのニュータウンが建てられるようになった。土地の限られた香港にあって、このニュータウンに影響をあたえたのがフランスの建築家ル・コルビジェの提唱した「輝く都市」だと言われる。鉄筋コンクリートを用いた超高層の縦型都市は、工業化や人口爆発などの変化に応え、超高層の集合住宅、市民が集える公園やレクリエーションの場を備えている。

【地図】シャティン沙田の［★★☆］

□　沙田 Sha Tin シャティン

□　車公廟 Che Kung Miu チェクンミュウ

□　萬佛寺 Man Fat Tsz マンファッジー

【地図】シャティン沙田の［★☆☆］

□　城門河 Shing Mun River シンムン・リバー

□　沙田馬場 Sha Tin Racecourse シャティンレースコース

□　香港文化博物館 Hong Kong Heritage Museum
香港ヘリテージ・ミュージアム

□　曾大屋 Tsang Tai Uk ツァンタイオク

□　道風山基督教叢林 Tao Fong Shan Chiristian Centre
タオフォンシャン・キリスト教会

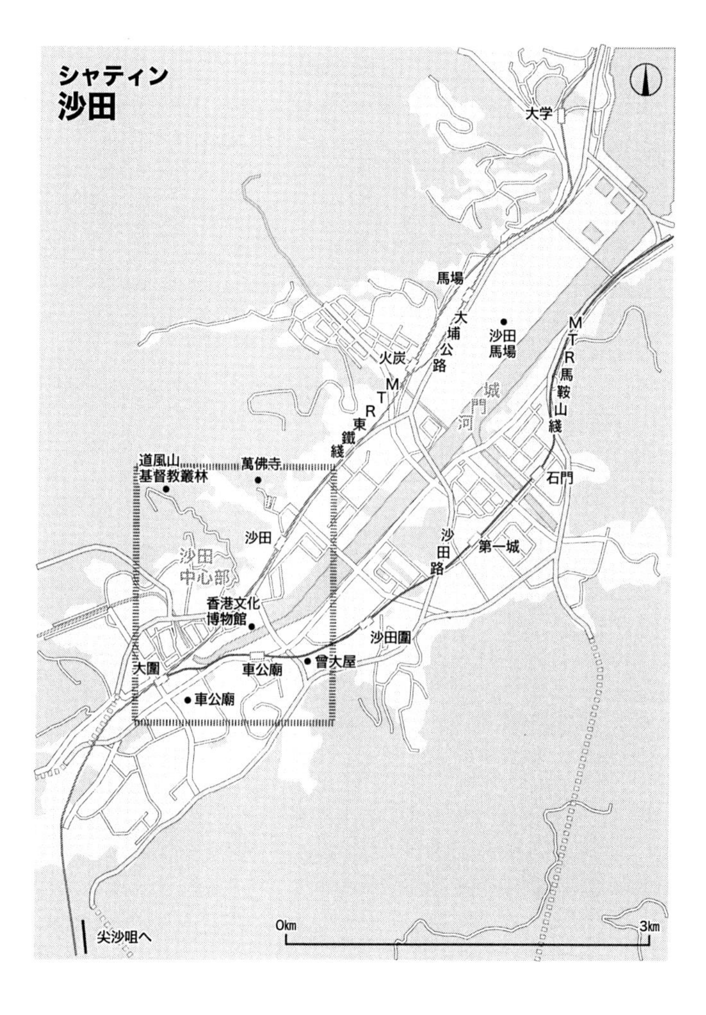
シャティン
沙田
大学
馬場
大埔公路
沙田馬場
火炭
MTR東鐵綫
城門河
MTR馬鞍山綫
石門
道風山基督教叢林
萬佛寺
沙田
沙田路
第一城
沙田中心部
香港文化博物館
沙田圍
大圍
車公廟
曾大屋
車公廟
尖沙咀へ
0km
3km

【地図】シャティン沙田中心部の［★★☆］

- □ 沙田 Sha Tin シャティン
- □ 車公廟 Che Kung Miu チェクンミュウ
- □ 萬佛寺 Man Fat Tsz マンファッジー

【地図】シャティン沙田中心部の［★☆☆］

- □ 新城市廣場 New Town Plaza ニュータウン・プラザ
- □ 城門河 Shing Mun River シンムン・リバー
- □ 香港文化博物館 Hong Kong Heritage Museum
  香港ヘリテージ・ミュージアム
- □ 曾大屋 Tsang Tai Uk ツァンタイオク
- □ 道風山基督教叢林 Tao Fong Shan Chiristian Centre
  タオフォンシャン・キリスト教会

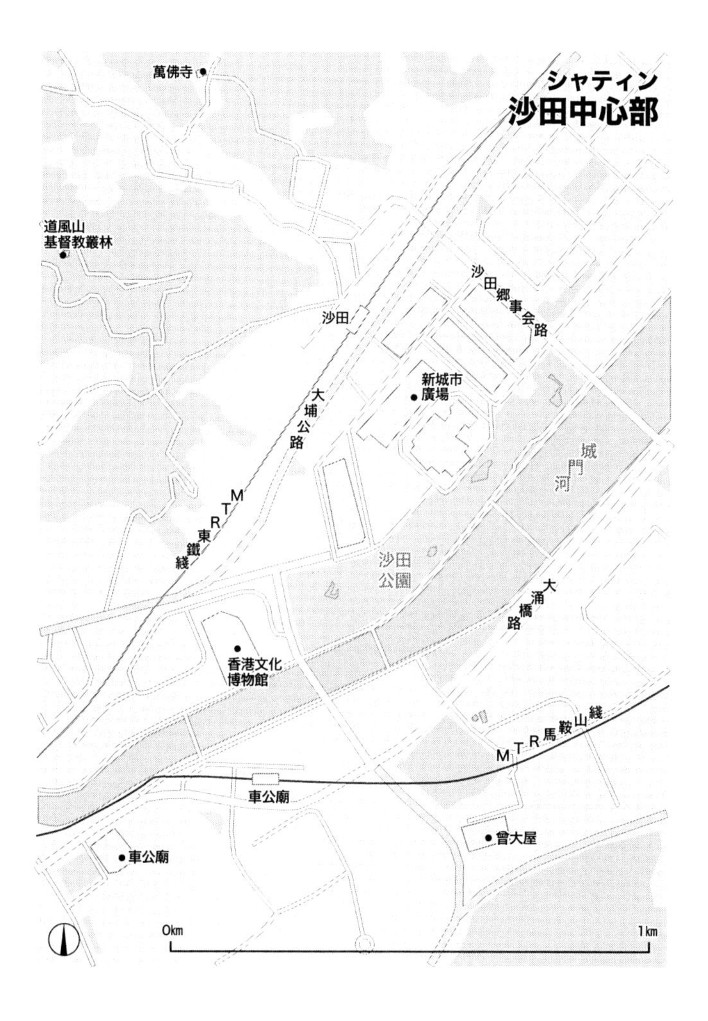
シャティン
沙田中心部
萬佛寺
道風山
基督教叢林
沙田
沙田郷事会路
新城市
廣場
大埔公路
MTR東鐵綫
城門河
沙田
公園
大涌橋路
香港文化
博物館
MTR馬鞍山綫
車公廟
曾大屋
車公廟
0km
1km

新城市廣場 New Town Plazaニュータウン・プラザ[★☆☆]

新城市廣場は、沙田駅に連結するショッピング・モール。ブランド店のほか、映画館やホテルなども併設されている。

城門河 Shing Mun River シンムン・リバー［★☆☆]

沙田の街の中心を流れる城門河。この川は大帽山から流れ、その中腹にある城門水塘は香港の貴重な水源となっている。新界東の吐露灣へと注ぐ。

▲左　新城市廣場内、各種の品が手に入る。　▲右　沙田駅前の図書館、成熟した都市文化が見られる

沙田馬場 Sha Tin Racecourse
シャティンレースコース［★☆☆］

城門河沿いに造営された沙田馬場は、世界でも指折りの美しい競馬場として知られる。8万3000人を収容し、競馬が開かれるときには香港中から人が集まる。イギリス紳士のたしなみとしてはじまった香港競馬の伝統は古く、19世紀から続くハッピー・バレーの競馬場に続いて1978年にオープンした。

香港文化博物館 Hong Kong Heritage Museum
香港ヘリテージ・ミュージアム［★☆☆］

香港、そして新界の歴史や自然を紹介した香港文化博物館。オリエンテーションシアター、新界文化ホール、広東オペラ文化ホール、中国アートのギャラリー、子ども用のアート・スペースなどからなり、7500 ㎡の面積をもつ香港最大規模の博物館となっている。中国古代の美術品の豊富な展示が見られるなど、内容も充実している。

【MEMO】

曾大屋 Tsang Tai Uk ツァンタイオク［★☆☆］

曾大屋は、沙田の南に位置する客家の住宅。19世紀なかごろ、曾貫萬という客家が開いたと言われ、外壁を周囲にめぐらした中国北方の建築様式をしている。

車公廟 Che Kung Miu チェクンミュウ［★★☆］

車公廟は宋代の将軍、車大元帥をまつる道教寺院で、黄大仙廟などとともに香港四大廟にも挙げられる。明代、疫病が流行ったとき、人々の夢に車大元帥が現れ、その廟を建てると疫病はおさまった。そこから車大元帥は信仰を集めるよう

▲左　金色の車大元帥像、威風堂々としたたたずまい。　▲右　正面から見た車公廟、縁起のいい風車がおかれている

になり、この廟は 19 世紀に建てられた（現在の建物は 20 世紀後半のもの）。緑色の瑠璃瓦に赤の外壁という外観をもち、敷地内は線香の煙と匂いが立ちこめている。まわせば風向きが変わり、運気がよくなるという銅製の風車もおかれている。

道風山基督教叢林 Tao Fong Shan Chiristian Centre タオフォンシャン・キリスト教会［★☆☆］

道風山基督教叢林は、沙田北西の道風山に立つキリスト教会（道は「真理」を意味し、風は「精霊の能力」を意味する）。南京で布教していたノルウェー人艾香德牧師が、戦乱をさけるため

▲左　八角形のプランをした教堂、道風山基督教叢林。　▲右　朝、新鮮な野菜が市場にならぶ

に香港に移り、1930年、この教会が建てられた。香港にあるキリスト教会の多くが西欧建築様式なのに対して、道風山基督教叢林は中国様式で建てられ、八角形の教堂が見られる。

萬佛寺 Man Fat Tsz マンファッジー［★★☆］

沙田市街から北西の山間に位置し、本堂に1万2800体の仏像を安置することから名前がとられた萬佛寺。萬佛寺へ向かう431段の階段の両脇にはずらりと金色の銅像がならび、笑顔や驚きの顔、また極端に手が長い銅像など個性的なたたずまいが見られる。1957年、月溪法師によって開かれた。

【MEMO】

Guide, Tai Po
大埔 城市案内

大埔は古くから地元の人々のための
市場があったところで
現在でもその面影を残している

大埔 Tai Po タイポー［★★☆］

香港最高峰の大帽山の東側、大きな入江をもつ吐露灣にのぞむ大埔。沙田にニュータウンができる以前は、新界東部の中心地だったところで、現在の街は商業地のほか住宅地と工業地からなる。近郊には宋代から客家（北方から戦乱を逃れて移住してきた人々）が住んでいたという歴史もあり、20世紀なかごろまで水上生活者が漁を営む姿もあった。この大埔では、古い街並みを残すところと20世紀後半に開発が進んだニュータウンが併存している。

【地図】タイポー大埔の［★★☆］

□　大埔 Tai Po タイポー

□　富善街 Fu Shin Street フーシン・ストリート

【地図】タイポー大埔の［★☆☆］

□　香港鐵路博物館 Hong Kong Railway Museum
香港レールウェイ・ミュージアム

□　吐露灣 To Lo Harbour トンロー・ハーバー

□　大埔海濱公園 Tai Po Waterfront Park
タイポー・ウォーターフロント・パーク

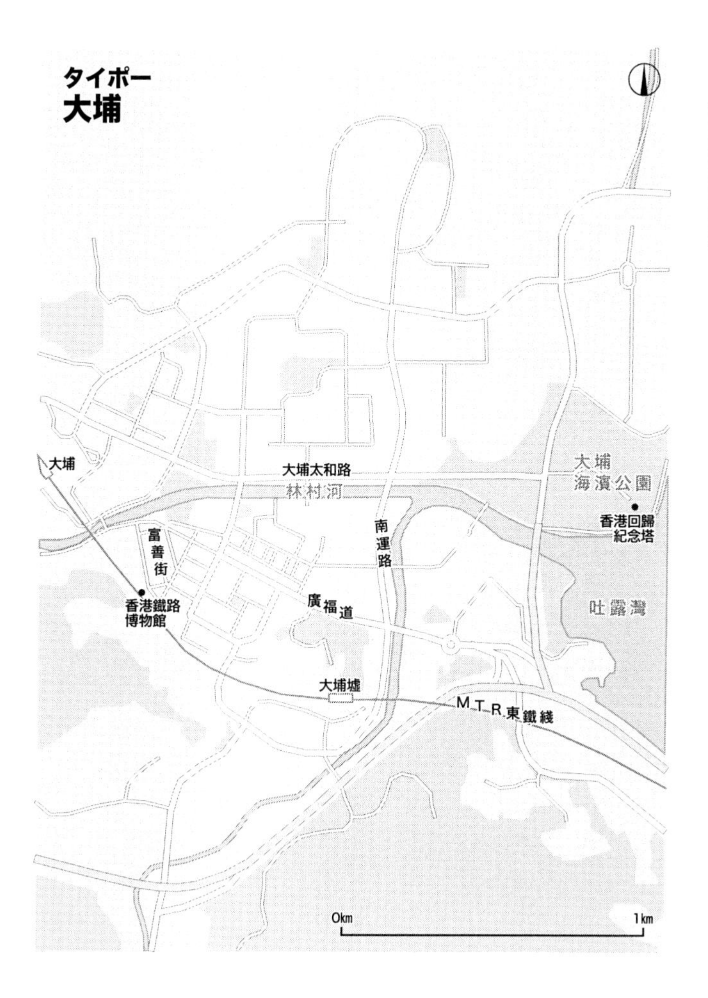
タイポー
大埔
大埔
大埔太和路
林村河
大埔
海濱公園
香港回歸
紀念塔
南
運
路
富
善
街
香港鐵路
博物館
廣
福
道
吐露灣
大埔墟
MTR東鐵綫
0km
1km

墟とは

MTRの駅名となっている大埔墟の「墟」とは、地元の人々が商品交換を行なう市場をさす。中国では古くから官設の市場に対して、農村部の村落に生きる人々が集まる不定期市が自然に発生し、とくに華南ではそれを「墟」と呼んだ。大埔にはこの墟が開かれていたことから、大埔墟の名前が残ることになった。

▲左　朝の大埔、外食文化が発達している。　▲右　古い街並みも残る大埔

富善街 Fu Shin Street フーシン・ストリート［★★☆］

古い中国の街並みが残る富善街。150m ほどの長さの細い路地の両側に店がずらりとならび、道教寺院の文武廟は通りの中心的存在となっている。

香港鐵路博物館 Hong Kong Railway Museum
香港レールウェイ・ミュージアム［★☆☆］

1913 ～ 1983 年まで実際に使用されていた九廣鐵路の旧大埔駅を改装してつくられた香港鐵路博物館。イギリス製の蒸気機関車、ディーゼル機関車などが展示されている。

▲左　富善街の文武廟、伝統が息づく。　▲右　大埔の廣福道、コンビニの看板が見える

吐露灣 To Lo Harbour トンロー・ハーバー［★☆☆］

香港東部に開けた吐露灣。大きな入江や台風などの災害にも強い地形から、古くから良港として知られていた。もともと大埔海と呼ばれていたが、イギリスの新界租借後、現在の名前になった。

大埔海濱公園 Tai Po Waterfront Park タイポー・ウォーターフロント・パーク［★☆☆］

大埔の東、吐露灣に面した大埔海濱公園。ここからは海の眺めがよく、螺旋状に伸びる特徴的な香港回歸紀念塔（高さ

【MEMO】

32m）が立つ。

大美督 Tai Mei Tuk ダイメイトク［★★☆］

大美督は船灣淡水湖畔にある自然を生かした公園。大美督で見られる船灣淡水湖は巨大な人造湖（貯水湖の役割を果たしている）で、全長2km にわたって堤防が築かれている。大尾篤、大尾督などと表記されていたが、縁起をかついで大美督と改名された。

▲左　大自然を感じられる大美督。　▲右　線路は羅湖、さらに中国本土へ伸びる

赤門海峡 Tolo Channel チッムンホイハップ［★☆☆］

大埔のある吐露灣と外海の大鵬灣、南海を結ぶ赤門海峡。東側から新界へ入る船が通る海峡で、入り組んだ地形が美しい景観をつくっている。

粉嶺 Fan Ling ファンリン［★☆☆］

九龍半島の先端から、沙田、大埔を通って羅湖、中国側の深圳へと続く九廣鐵路。粉嶺は羅湖のふた駅手前にある新界北部の中心地で、香港と深圳の中継点となっている。またその一方で、古くからこの地に暮らす人々の姿もある。

【地図】ファンリン粉嶺の［★★☆］

□ 龍躍頭文物徑 The Lung Yeuk Tau Heritage Trail
ルンヨクタウ・ヘリテイジトレイル

【地図】ファンリン粉嶺の［★☆☆］

□ 粉嶺 Fan Ling ファンリン

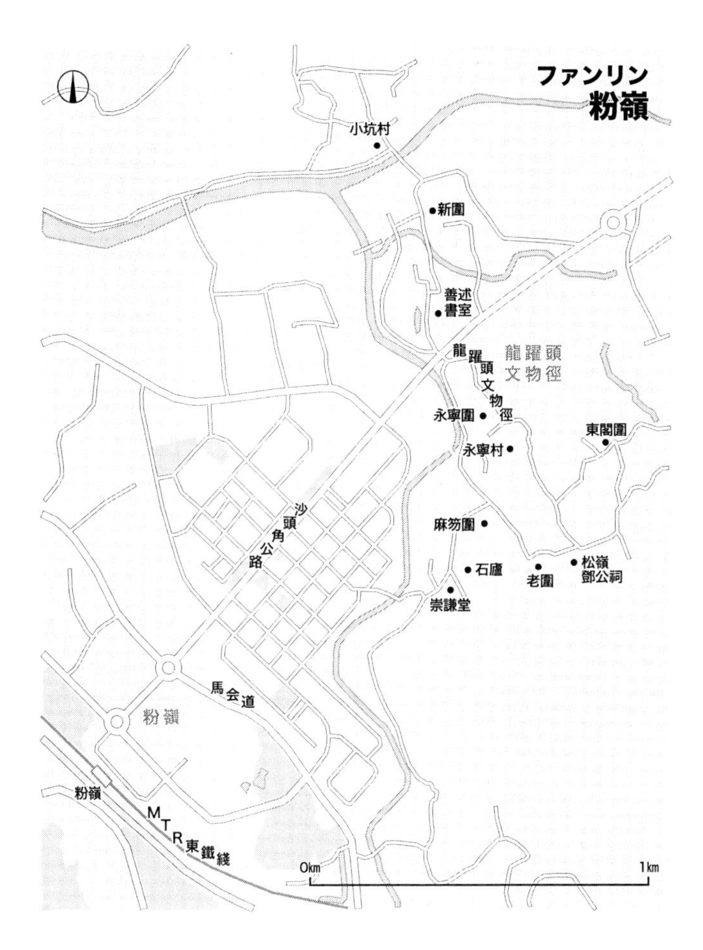
ファンリン
粉嶺
小坑村
新圍
善述書室
龍躍頭文物徑
龍躍頭文物徑
永寧圍
永寧村
東閣圍
沙頭角公路
麻笏圍
石廬
老圍
松嶺鄧公祠
崇謙堂
馬会道
粉嶺
粉嶺
MTR東鐵綫
0km
1km

龍躍頭文物徑 The Lung Yeuk Tau Heritage Trail
ルンヨクタウ・ヘリテイジトレイル［★★☆］

中国の伝統的な民居が見られる龍躍頭文物徑。南宋時代、錦田の鄧一族と王女が結婚し、その一族が移住してきたのがはじまりだという。16 世紀の建造と言われる鄧一族の先祖をまつる松嶺鄧公祠や 1744 年に建てられた覲龍圍などをはじめ、鄧一族の五圍（麻笏圍、老圍、東閣圍、永寧圍、新圍）と六村（祠堂村、麻笏村、永寧村、覲龍村、小杭村、新屋村）が残る。天水圍の屏山文物徑に続いて文物徑に指定された。

羅湖 Lo Wu ローウ［★☆☆］

香港新界と中国広東省深圳の口岸がおかれている羅湖。ここは 20 世紀の冷戦時代、中国への唯一の入口となっていたところで、現在では香港と深圳を行き交う人が多く見られる。深圳側の地名も羅湖となっているほか、深圳新市街の福田区へは上水から落馬洲へと東鐵綫が伸びている。深圳河対岸の深圳は 20 世紀後半までほとんど何もない農村地帯だったが、1978 年以来、鄧小平によって進められた改革開放（香港や台湾などの外資を中国に呼び込むことで経済発展させる）の最前線となり、超高層ビルが林立する中国有数の経済都市と

【地図】ローウ羅湖の［★☆☆］

- □ 羅湖 Lo Wu ローウ
- □ 大夫第 Tai Fu Tai Mansion タイフタイ

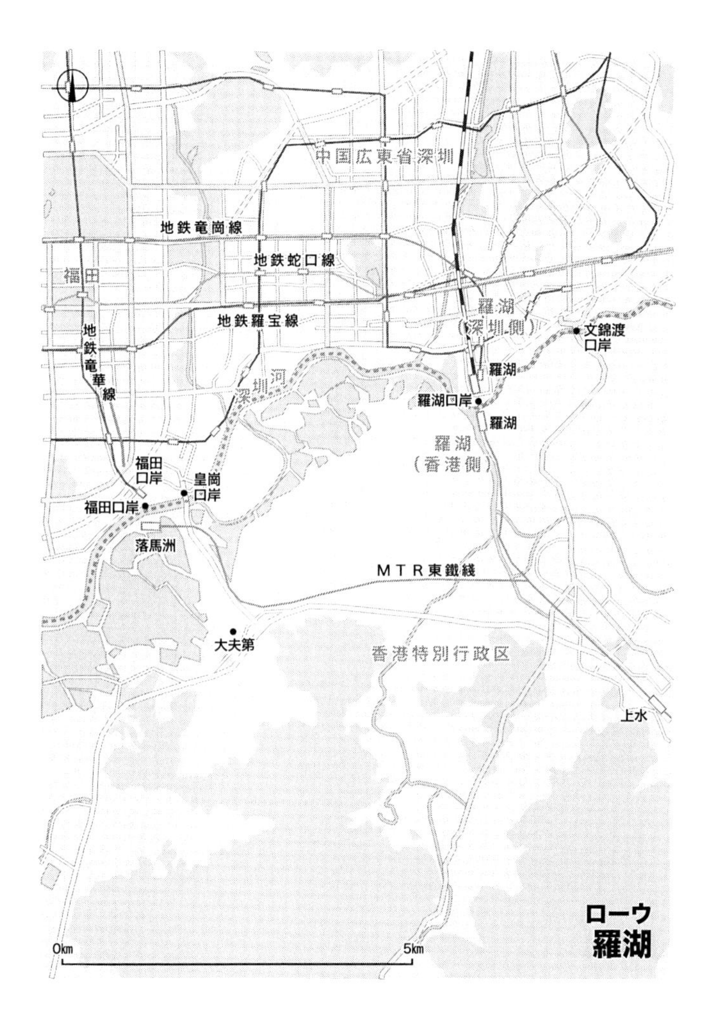
中国広東省深圳
地鉄竜崗線
地鉄蛇口線
地鉄羅宝線
福田
地鉄竜華線
深圳河
羅湖
（深圳側）
文錦渡
口岸
羅湖
羅湖口岸
羅湖
羅湖
（香港側）
福田
口岸
皇崗
口岸
福田口岸
落馬洲
MTR東鐵綫
大夫第
香港特別行政区
上水
ローウ
羅湖
0km
5km

なった。

沙頭角 Sha Tau Kok サータウコ［★☆☆］

香港北東の最果てに位置する沙頭角は、香港と中国本土の境界線上にある集落。1898 年に新界がイギリスに租借されたとき、境界線が沙頭角を通り、そこは中英街と呼ばれていた(中国とイギリスの国境だった)。古くは村人の往来は自由だったが、中華人民共和国の設立した 1949 年に冊が立てられた。

Guide, Sai Kung
西貢城市案内

香港東部に位置する西貢
この港町には海鮮料理店がならび
美しい景観をつくる入り組んだ地形が続く

西貢 Sai Kung サイクン［★★☆］

新界東部に伸びる西貢半島とその周囲に浮かぶいくつもの島々。その中心となる港町が西貢で、市場には海鮮料理店がならび、島嶼部への船が発着する。もともと西貢は水上生活者などが暮らす小さな漁村に過ぎなかったが、新界の他の街同様に20世紀なかごろから開発が進められた。古くから客家が住み着いてきたという歴史をもつほか、釣りやヨット、マリンスポーツが楽しめるところとしても注目されている。

【地図】サイクン西貢の［★★☆］

□ 西貢 Sai Kung サイクン

【地図】サイクン西貢の［★☆☆］

□ 西貢正街 Sai Kung Centre Street
サイクン・センターストリート

□ 海傍街 Hoi Pong Street ホイポン・ストリート

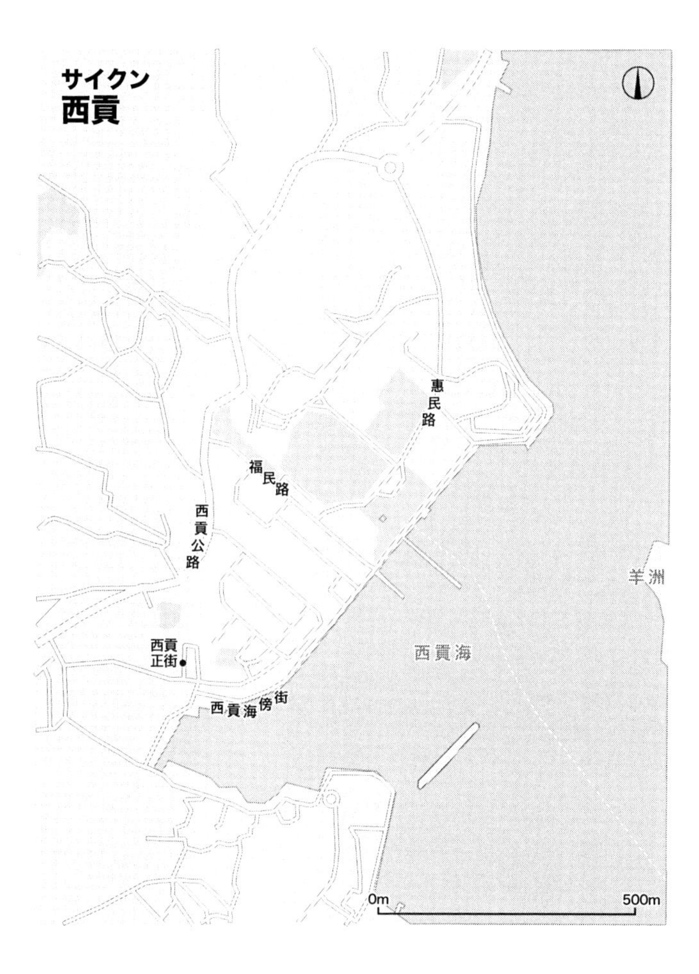
サイクン
西貢
惠民路
福民路
西貢公路
羊洲
西貢正街
西貢海
西貢海傍街
0m
500m

西貢正街 Sai Kung Centre Street
サイクン・センターストリート［★☆☆］

西貢の中心部には細い路地が入り乱れるように走っていて、もっともにぎわうのが西貢正街。並行して走る西貢大街、隣接する德隆前街、德隆後街でも古い街並みが見られる。

海傍街 Hoi Pong Street ホイポン・ストリート［★☆☆］

西貢海の岸沿いに敷かれた海傍街（プロムナード）。海鮮料理店がならび、陸揚げされた魚介類を食することができる。

▲左　軒先にならぶ各種魚介類。　▲右　かつて香港には多くの水上居民が暮らしていた

西貢半島
Sai Kung Peninsula サイクン・ペニンシュラ［★☆☆］

新界東部の大鵬湾に突き出した西貢半島。入り組んだ海岸線が見られ、周囲にはいくつもの島が浮かぶ。このあたりは香港のなかでも手つかずの自然が残っている。

滘西洲 **Kau Sai Chau カウサイ島［★☆☆］**

西貢に東に浮かぶ。美しい砂浜が広がる橋咀洲、波で浸食されてつくられた断崖をもつ吊鐘洲などの周囲の島々とともに、香港の喧噪と違った静かな時間が流れている。

Guide, Tuen Mun
屯門
城市案内

香港西側のニュータウン屯門
広州へ通じる珠江デルタ河口の東部にあることから
香港でも有数の歴史をもつ

屯門 Tuen Mun テュンムン［★★☆］

香港国際空港の対岸に位置する屯門は、新界西部最大の街で、20 世紀なかごろから香港の人口増に応えるため、住宅が整備されるようになった。香港のニュータウンと見られる屯門の歴史は古く、紀元前にはすでに漁村があったとされる。屯門という名前は、この地でとれる塩が貴重で、それを管理するために中央から兵士が派遣されたことから、「兵士が駐屯する門戸＝屯門」とつけられた。今では目を見張るばかりの高層マンションがならんでいる。

海の宿泊駅

屯門は珠江をさかのぼって広州に通じる地理にあり、中国の歴史を通じて交通の要衝の地位を占めてきた。「三仏斉国の境に至る。広州に至ろうとする者は屯門から入り、泉州に至らんとする者は甲子門から入る」。12世紀に記された『嶺外代答』（周去非）のなかで屯門の名前が見え、唐や宋の時代から広州に向かう船の寄港地となっていたと考えられる。16世紀の明代には、中国との交易を求めるポルトガルがこの地を拠点とし、その後、マカオの獲得につながった（マカオは珠江をはさんで屯門の反対側）。

青松觀 Ching Chung Koon チンチュンクン［★☆☆］

青松觀（青松仙觀）は、香港を代表する道教寺院。その歴史は20世紀初頭、道教聖地として知られていた羅浮山（広州東）の沖虚観で修行した何啓忠が、広州で至宝台を開いたことにはじまる。至宝台は1949年に香港に移住し、翌年、九龍油麻地で道壇を開き、おもに香港に流入する難民の救済事業を行なっていた。1960年、青松觀は屯門の敷地に移り、ここに呂祖（羅浮山の沖虚観で信仰されている）がまつられた。極彩色に彩られた門や本殿、黄色で葺かれた屋根など、伝統的な中国の様式の建築が見られるほか、敷地内にはさまざま

【地図】テュンムン屯門の［★★☆］

□　屯門 Tuen Mun テュンムン

【地図】テュンムン屯門の［★☆☆］

□　青松観 Ching Chung Koon チンチュンクン

□　青山禪院 Ching Shan Monastery
　　チンサン・モナステリー

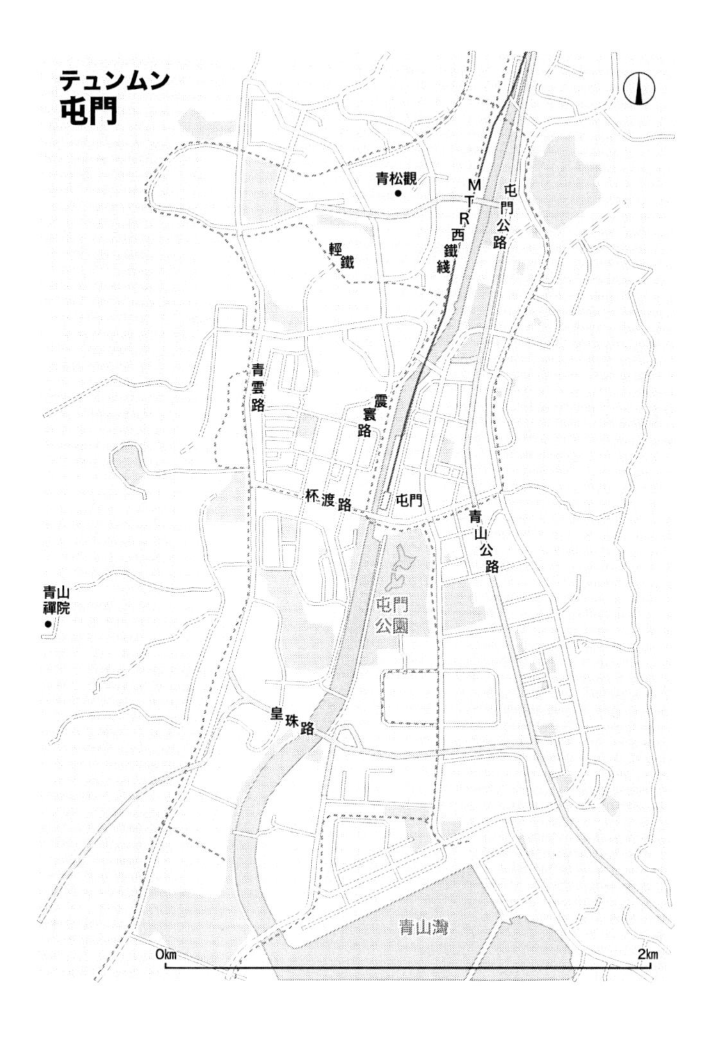
テュンムン
屯門
青松観
MTR西鐵綫
屯門公路
輕鐵
青雲路
震寰路
杯渡路
屯門
青山公路
青山禪院
屯門公園
皇珠路
青山灣
0km
2km

なかたちに手をくわえられた盆栽がある。

青山禪院
Ching Shan Monastery チンサン・モナステリー［★☆☆］

青山禪院は、屯門の西にそびえる青山に立つ禅寺（青山の標高 583m）。規模は大きくないが、香港有数の古刹として知られる。1500 年以上（六朝時代の創建）の歴史をもつと言われ、インド僧によって建立されたという。古来、この地は交通の要衝であり、杯に乗って海を渡ったインド僧杯渡の伝説も伝えられている。ここから美しい景色が望める。

▲左　珠江河口部は海を思わせる川幅になる。　▲右　荃灣から屯門へと続く海岸

妙法寺萬佛寶殿 Miu Fat Monastery
ミウファッ・モナステリー［★☆☆］

2匹の龍が印象的な外観をもつ妙法寺萬佛賓殿。師範学校の跡地に建てられたことから、学校も併設されている。

黃金海岸 Gold Coast ゴールド・コースト［★☆☆］

黄金海岸は、屯門南東に広がる青山灣に面したリゾート地。オーストラリアのゴールド・コーストにちなんで名前はとられている。1990年代になってから開発が進んだ。

海水の使用

地下水などの真水があまり期待できない香港（香港島の地盤は固い花崗岩）では、海水使用が試みられてきた。とくに他の地域に比べてトイレなどで海水使用率が高く、1975年には青山近くで海水淡水化プラントが建設されている。

大欖涌水塘Tai Lam Chung Reservoirタイランチュン・レザボア[★☆☆]

新界西部の貴重な水源となっている大欖涌水塘。このあたりは古くから水がわいていたところで、第二次大戦後に今のかたちに整備された。周囲は大欖郊野公園となっている。

【地図】新界西部の［★★☆］

□　屯門 Tuen Mun テュンムン

□　元朗 Yuen Long ユンロン

□　錦田 Kam Tin カムティン

□　天水圍 Tin Shui Wai テンスイウェイ

□　屏山文物徑 Ping Shan Heritage Trail
　ピンサン・ヘリテイジトレイル

【地図】新界西部の［★☆☆］

□　妙法寺萬佛寶殿 Miu Fat Monastery
　ミウファッ・モナステリー

□　黄金海岸 Gold Coast ゴールド・コースト

□　大欖涌水塘 Tai Lam Chung Reservoir
　タイランチュン・レザボア

□　吉慶圍 Kat Hing Wai カッヒンウェイ

□　後海灣 Hau Hoi Wan ディープ・ベイ

□　流浮山 Lau Fau Shan ラウファウサン

□　香港濕地公園 Hong Kong Wetland Park
　香港ウェットランドパーク

□　米埔 Mai Po マイポー

□　青衣島 Tsin Yi Island チンイー島

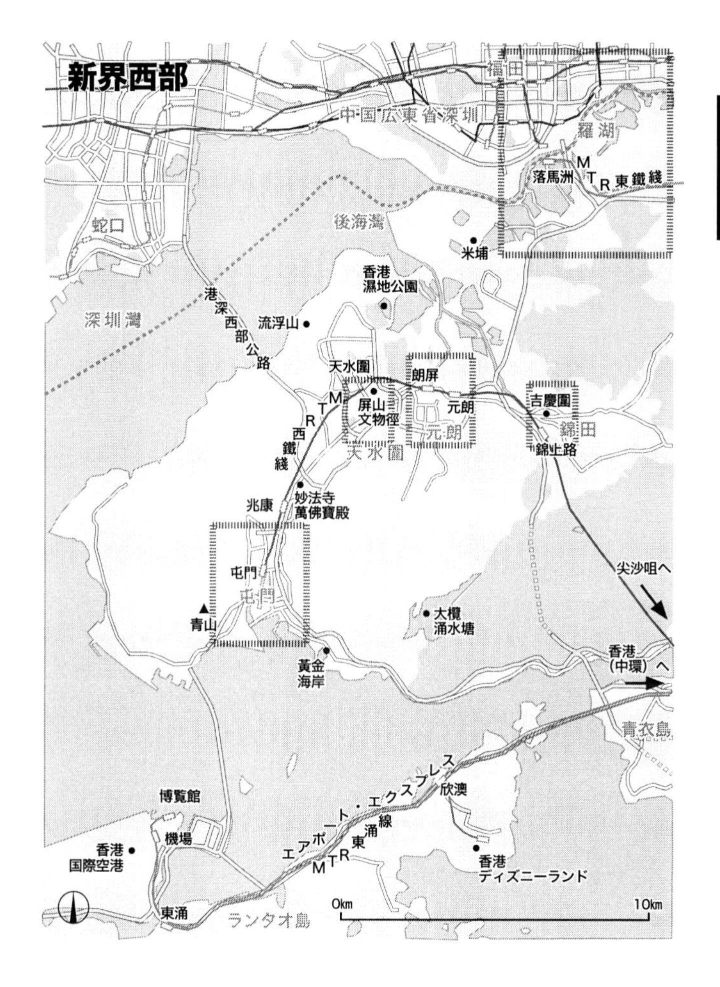
新界西部
中国広東省深圳
福田
羅湖
落馬洲
MTR東鐵綫
蛇口
後海灣
米埔
香港
濕地公園
深圳灣
港深西部公路
流浮山
天水圍
朗屛
屛山
文物徑
元朗
吉慶圍
錦田
錦上路
MTR西鐵綫
天水圍
元朗
妙法寺
萬佛寶殿
兆康
屯門
屯門
青山
大欖
涌水塘
黃金
海岸
尖沙咀へ
香港
(中環)へ
青衣島
エアポート・エクスプレス
欣澳
MTR東涌線
博覧館
機場
香港
国際空港
香港
ディズニーランド
東涌
ランタオ島
0km
10km

Guide,
Yuen Long

元朗
城市案内

CHINA
香港

古くから客家の村が点在した元朗
現在でも古い伝統をもつ客家の人々が見られるほか
中国深圳への足がかりになっている

元朗 Yuen Long ユンロン［★★☆］

新界北西部は、20 世紀なかごろまで人が寄りつかない原野が広がっていて、元朗ではこの地域に暮らす人々が集まる小さな市場が開かれていた。1997 年の香港返還を受けて、中国広東省に続くこの街の地理が注目され、20 世紀末になって開発が進むようになった。元朗の周辺にはイギリス統治よりもはるか昔から新界に暮らす客家や本地人の集落が点在し、現在でも祖先をまつる祠堂を中心に集住する宗族の姿が見られる。

▲左　中国深圳とのアクセスもよい元朗。　▲右　重厚な中国北方のつくりを見せる客家の集落

元朗舊墟 Yuen Long Kau Hui ユンロンカウホイ［★☆☆］

長いあいだ新界北西部で大きな勢力をもってきたのが錦田鄧氏で、元朗駅の北側に位置する元朗舊墟は、鄧氏の管轄する古い市場がおかれてきた（農村の人々が品をもちよってここで売買を行なった）。ここでは南邊圍、その北側に西邊圍、その東には天后古廟がある東頭村などの中国の伝統的な集落が見られ、なかには17世紀の明代の建物も残っている。現在の元朗は、20世紀はじめこの古い市場とは別につくられた新墟（周囲の村々による新しい市場）をもとにしている。

【地図】ユンロン元朗の［★★☆］

□ 元朗 Yuen Long ユンロン

【地図】ユンロン元朗の［★☆☆］

□ 元朗舊墟 Yuen Long Kau Hui ユンロンカウホイ

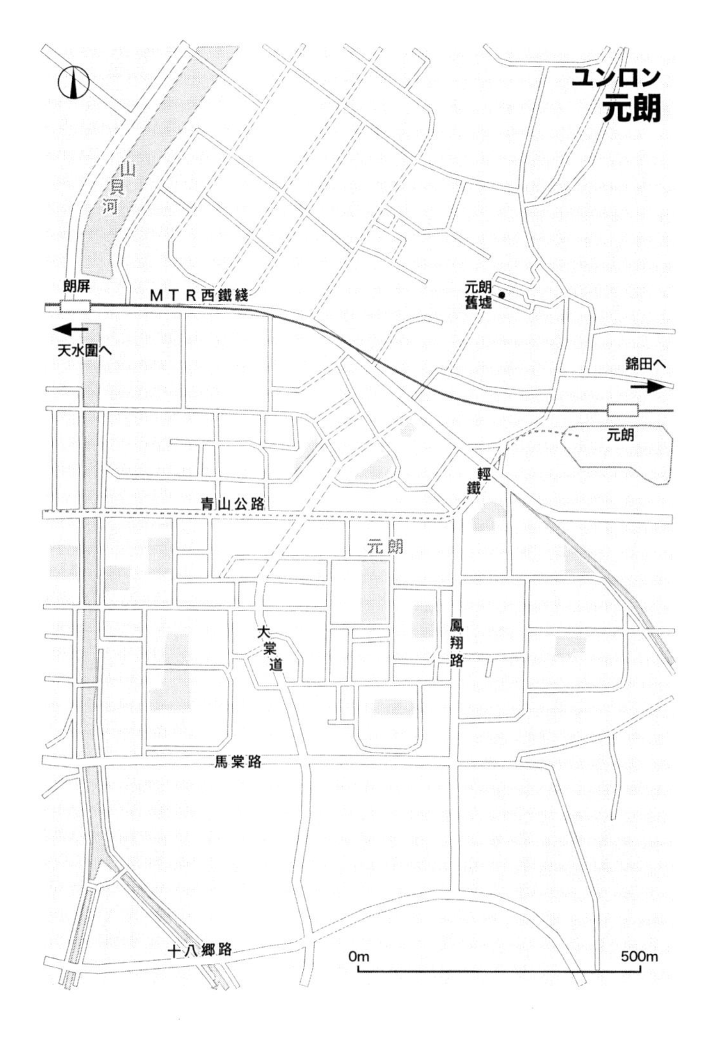
ユンロン
元朗
山貝河
朗屏
MTR西鐵綫
元朗
舊墟
天水圍へ
錦田へ
元朗
輕
鐵
青山公路
元朗
大
棠
道
鳳
翔
路
馬棠路
十八郷路
0m
500m

圍とは

周囲を外壁で囲み、中庭をもつ中国の伝統的な集合住宅を圍(ウェイ)と呼ぶ。古来、中国では「家の四方を外壁で囲む」「街を城壁で囲む」ことで外と内部の空間をわけてきた(異民族や外敵による侵入が絶えなかったためだと言われる)。圍のなかでは同一の祖先をもつ父系集団である宗族がともに生活し、盗賊や敵対する宗族から一族を守ることができた。この建築様式は、もともと黄河中流域で育まれたものだが、戦乱を逃れて南方に移住してきた客家の人々などによってこの地に伝えられたという。

▲左　一族が集住する錦田吉慶圍。　▲右　元朗で食べたあんかけそば

錦田 Kam Tin カムティン［★★☆］

新界北西部の錦田には 11 世紀の宋代にこの地に移住してきた鄧一族（客家）の集落が残り、開拓や干拓が進められてきた（古参の鄧氏のほかにも清代鄭成功との交易を絶つ遷界令を敷き、その後、無人となった新界に客家の人々を移住させて開墾が奨励された）。錦田では風水に基づいて土地や建物を利用する伝統的な営みが見られ、イギリスが新界を租借したとき、先祖代々の土地を守るべく抵抗したのも錦田の人々だった。

吉慶圍 Kat Hing Wai カッヒンウェイ［★☆☆］

吉慶圍は客家の生活を伝える集合住宅で、宋代に鄧符協が村を開いて以来、鄧氏一族の営みがこの地で受け継がれてきた。この吉慶圍は明代（15世紀）に整備され、清代（17世紀）に海賊の略奪から一族を守るため、周囲に城壁が築かれた。四方が覆われた外壁には銃眼が備えられ、防備上の理由から入口はひとつしかなく、そこには鉄の門が備えられている。堅牢な城壁のなかで集住する人々とともに、客家独特の黒帽子や衣装を身にまとった客家女性も見られる。

▲左　錦上路駅前、のどかな景色が広がる。　▲右　錦田吉慶圍内部、奥が祖先をまつる祠堂

一族にまつわる伝説

錦田の鄧一族には、宋代の皇室にまつわる伝説が伝えられている。宋の徽宗の時代に内乱が起こり、王室の娘がアヒル飼いのもとに身を隠した。このアヒル飼いこそ錦田鄧一族の祖先で、王女は身分をふせたままこのアヒル飼いと結婚した。乱がおさまり、王女の弟が皇帝になると、錦田鄧氏は広大な土地を獲得することになったのだという。

【地図】カムティン錦田の［★★☆］

□　錦田 Kam Tin カムティン

【地図】カムティン錦田の［★☆☆］

□　吉慶圍 Kat Hing Wai カッヒンウェイ

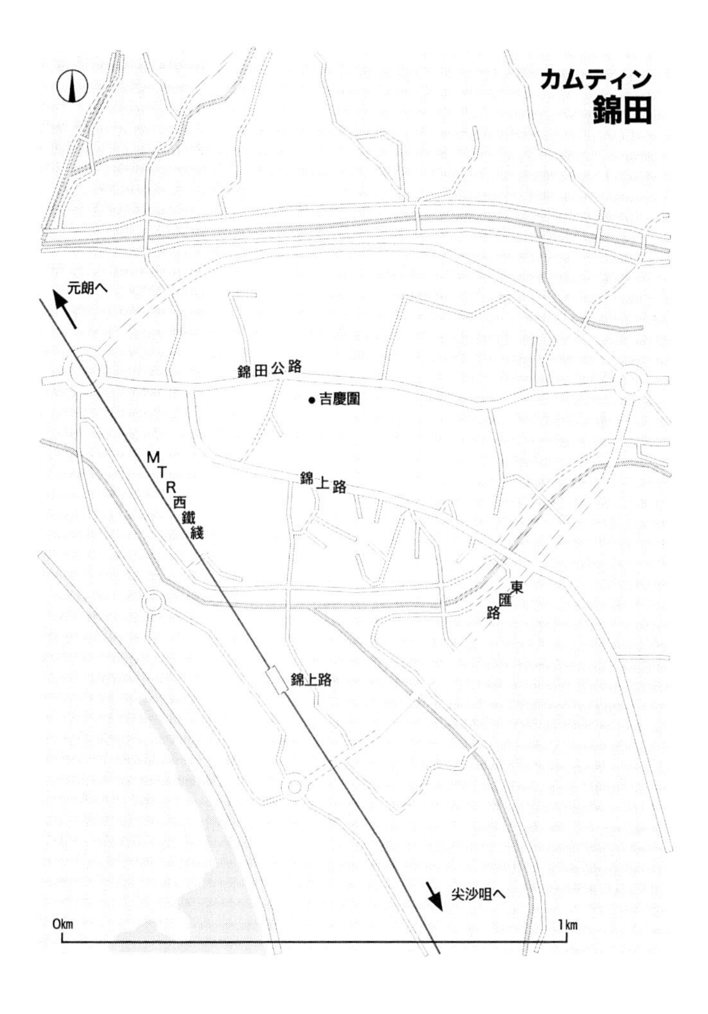
カムティン
錦田
元朗へ
錦田公路
吉慶圍
錦上路
MTR西鐵綫
東匯路
錦上路
尖沙咀へ
0km
1km

鉄門事件

香港島、九龍に続いて、その後背地である新界も獲得しようとするイギリスに対して、この地に暮らしていた錦田や元朗、大埔などの地元民は抵抗姿勢を見せた。新界を租借したイギリスは、1898年（新界が租借された年）、錦田吉慶圍の鉄の門を奪って、ロンドンにそれを送った。これに怒った吉慶圍の人々は、住居の顔でもある鉄の門を返すように要求し、20年以上経ってからイギリスは門の返還に応じて現在にいたる。

▲左　天水圍の駅前、輕鐵が走る。　▲右　三層の聚星樓、香港有数の歴史をもつ遺構

天水圍 Tin Shui Wai テンスイウェイ［★★☆］

元朗の西に位置する天水圍には、伝統的な中国民居が残り、それら古い建物が続く通りは屏山文物徑として整備されている（この天水圍の集落は宋代から続くと言われる）。中国本土に近い立地から、天水圍も他の新界の街同様、急速な発展を見せているが、駅から少し離れればのどかな田園風景が広がる。

屏山文物徑 Ping Shan Heritage Trail ピンサン・ヘリテイジトレイル［★★☆］

天水圍駅のすぐそばから続く屏山文物徑。小道の脇には聚星樓、鄧族文物館、上璋圍、覲廷書室、洪聖宮などの民居が残る。集落を築いた鄧一族は、12 世紀の宋代からこの地で暮らし、先祖代々、伝統が受け継がれてきた。

聚星樓 Tsui Shing Lau ツイシンラウ［★☆☆］

屏山文物徑の入口に立つ聚星樓は、600 年以上前に建てられた香港でもっとも古い塔だとされる。かつては今より高い七層だったが、上部が台風で吹き飛ばされたために三層になった。

鄧氏宗祠 The Tang Ancestral Hall
ダン・アンセストラル・ホール［★☆☆］

鄧氏宗祠は、宋代よりこの地で暮らしてきた鄧一族の祖先をまつる祠堂。伝統的な建築様式で建てられ、愈喬二公祠が隣接している。

【地図】テンスイウェイ天水圍の［★★☆］

- □ 天水圍 Tin Shui Wai テンスイウェイ
- □ 屏山文物徑 Ping Shan Heritage Trail
  ピンサン・ヘリテイジトレイル

【地図】テンスイウェイ天水圍の［★☆☆］

- □ 聚星樓 Tsui Shing Lau ツイシンラウ
- □ 鄧氏宗祠 The Tang Ancestral Hall
  ダン・アンセストラル・ホール

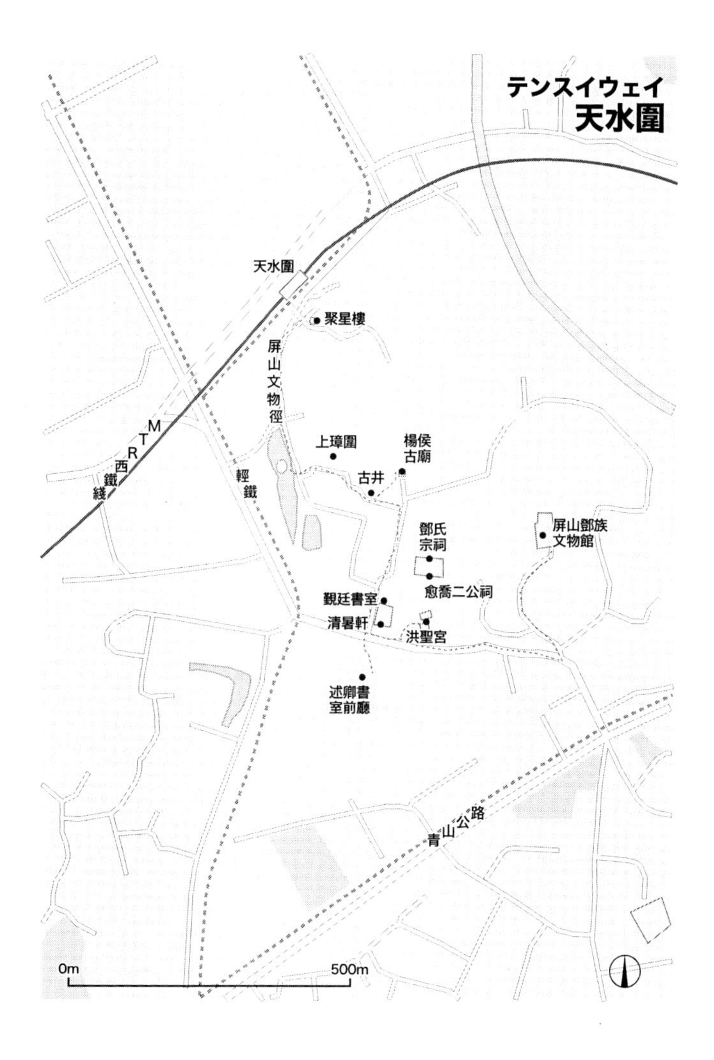
テンスイウェイ
天水圍
天水圍
聚星樓
屛山文物徑
上璋圍
楊侯古廟
古井
鄧氏宗祠
屛山鄧族文物館
愈喬二公祠
覲廷書室
清暑軒
洪聖宮
述卿書室前廳
MTR西鐵綫
輕鐵
青山公路
0m
500m

▲左　かつて深圳湾を泳いで香港に向かう人もいたという。　▲右　天水圍の鄧氏宗祠

大夫第 Tai Fu Tai Mansion タイフタイ［★☆☆］

元朗から北東に位置する新田に残る大夫第。この中国の伝統民居は、新田に古くから暮らす文氏（宋代の文天祥の一族の流れをくむ）によって19世紀に建てられた。皇帝より授けられた称号「大夫第」に由来する。

後海灣 Hau Hoi Wan ディープ・ベイ［★☆☆］

新界北西と中国本土のあいだに広がる後海灣。美しい湿地帯が残り、淡水を利用したカキの養殖も行なわれている。中国側では深圳湾と呼ばれている。

【MEMO】

流浮山 Lau Fau Shan ラウファウサン［★☆☆］

後海灣に突き出した小さな半島に位置する流浮山。このあたりで陸揚げされたカキやエビなど新鮮な海鮮料理を楽しめる。また対岸の中国広東省深圳が視界に入る。

香港濕地公園 Hong Kong Wetland Park
香港ウェットランドパーク［★☆☆］

天水圍近く、自然の地形を利用して整備された香港濕地公園。野鳥はじめ、ほ乳類、両生類などが棲息する。

米埔 Mai Po マイポー［★☆☆］

新界北端に位置し、深圳へ続く米埔の湿地帯。水鳥が行き交い、300を超す種類が生息するという。米埔の自然保護区はラムサール条約にも登録されている。

脈打つ香港客家の世界

異民族の侵入を繰り返し受けた中原
そんななか客家の人々は段階的に南方に移住してきた
香港新界には宗族が集住する集落が残る

客家とは

客家は、古くから戦乱を逃れて南方へ移住してきた人々で、原住民に「客（本籍地がここではない）」と呼ばれたことから客家という名前が定着した（客家語で「ハッカ」と読むが、普通語では「クージャー」と読む）。客家の本籍地は黄河中流域にあると言われ、面長の北方の顔をしているほか、言葉や食などで古い時代の中原の文化を今に伝えている。客家の南方への移住は、4～5世紀の東晋の時代からはじまり、唐末から宋にかけての9～10世紀、金やモンゴルが侵入した12～13世紀など段階的に行なわれてきた。福建省、広東省、

▲左　吉慶圍入口にかかげられた注意書き。　▲右　民族衣装を着たおばあちゃんたちが迎えてくれた

江西省などの山間部でひっそりと暮らし、香港新界では宋代から客家の存在が確認できる。客家はイギリス統治以前から新界に暮らしていた原住民であり、広東人、潮州人などに次いでまとまった集団を形成している。

【MEMO】

客家の暮らし

客家は何よりも一族の結束を重視し、その伝統を守りながら生活している（地元民に遅れて移住してきたため、福建省、広東省、江西省などの山奥に暮らしていることが多い）。とくに中心に共通の祖先をまつった民居は客家の精神性をよく表していると言われ、異なる宗族との闘いに備えて強固な外壁をもち、一族がまとまって暮らす。客家の男性は、華僑として家を離れる者も多く、労働は客家女性の仕事のひとつとされる。また労働に耐えるため、客家料理は塩味が強く、野菜を使った質素なものとなっている。

▲左　客家は香港最初期からの住人だった、屏山文物徑にて。　▲右　堅牢な外壁でおおわれた吉慶圍

人材の輩出

香港で青年時代を過ごしてのちに辛亥革命を成功に導いた孫文、華南を中心に大平天国の乱を指導した洪秀全、宋家の三姉妹など、客家出身者の政治への進出は多く見られる。教育を重視し、有能な人材を輩出することは客家の特徴のひとつで、20 世紀に入って登場した鄧小平、台湾の李登輝、シンガポールの李光耀なども客家を出自とする。この地出身の客家は香港島や九龍だけでなく、華僑として世界中に進出し、海を越えたネットワークをもつ。

参考文献

『香港』（中嶋嶺雄 / 時事通信社）

『中国人の村落と宗族』（瀬川昌久 / 弘文堂）

『香港社会の人類学』（瀬川昌久 / 風響社）

『宋代江南の村市（market）と廟市（fair）』（斯波義信 / 東洋学報）

『客家民居の世界』（茂木計一郎 / 風土社）

『客家』（高木桂蔵 / 講談社）

『コンパクトシティの計画とデザイン』（海道清信 / 学芸出版社）

『世界大百科事典』（平凡社）

［PDF］香港空港案内 http://machigotopub.com/pdf/hongkongairport.pdf

［PDF］香港 MTR（地下鉄）路線図 http://machigotopub.com/pdf/hongkongmetro.pdf

［PDF］地下鉄で「香港めぐり」http://machigotopub.com/pdf/metrowalkhongkong.pdf

［PDF］香港トラム路線図 http://machigotopub.com/pdf/hongkongtram.pdf

［PDF］香港軽鉄路線図 http://machigotopub.com/pdf/hongkonglrt.pdf

まちごとパブリッシングの旅行ガイド

Machigoto INDIA , Machigoto ASIA , Machigoto CHINA

【北インド - まちごとインド】

001 はじめての北インド
002 はじめてのデリー
003 オールド・デリー
004 ニュー・デリー
005 南デリー
012 アーグラ
013 ファテープル・シークリー
014 バラナシ
015 サールナート
022 カージュラホ
032 アムリトサル

【西インド - まちごとインド】

001 はじめてのラジャスタン
002 ジャイプル
003 ジョードプル
004 ジャイサルメール
005 ウダイプル
006 アジメール（プシュカル）
007 ビカネール
008 シェカワティ
011 はじめてのマハラシュトラ
012 ムンバイ
013 プネー
014 アウランガバード
015 エローラ
016 アジャンタ
021 はじめてのグジャラート
022 アーメダバード
023 ヴァドダラー（チャンパネール）
024 ブジ（カッチ地方）

【東インド - まちごとインド】

002 コルカタ
012 ブッダガヤ

【南インド - まちごとインド】

001 はじめてのタミルナードゥ
002 チェンナイ
003 カーンチプラム
004 マハーバリプラム
005 タンジャヴール
006 クンバコナムとカーヴェリー・デルタ
007 ティルチラパッリ
008 マドゥライ
009 ラーメシュワラム
010 カニャークマリ
021 はじめてのケーララ
022 ティルヴァナンタプラム
023 バックウォーター（コッラム〜アラップーザ）
024 コーチ（コーチン）
025 トリシュール

【ネパール - まちごとアジア】

001 はじめてのカトマンズ
002 カトマンズ
003 スワヤンブナート

004 パタン
005 バクタプル
006 ポカラ
007 ルンビニ
008 チトワン国立公園

【バングラデシュ - まちごとアジア】

---

001 はじめてのバングラデシュ
002 ダッカ
003 バゲルハット（クルナ）
004 シュンドルボン
005 プティア
006 モハスタン（ボグラ）
007 パハルプール

【パキスタン - まちごとアジア】

---

002 フンザ
003 ギルギット（KKH）
004 ラホール
005 ハラッパ
006 ムルタン

【イラン - まちごとアジア】

---

001 はじめてのイラン
002 テヘラン
003 イスファハン
004 シーラーズ
005 ペルセポリス
006 パサルガダエ（ナグシェ・ロスタム）
007 ヤズド
008 チョガ・ザンビル（アフヴァーズ）
009 タブリーズ
010 アルダビール

【北京 - まちごとチャイナ】

---

001 はじめての北京
002 故宮（天安門広場）
003 胡同と旧皇城
004 天壇と旧崇文区
005 瑠璃廠と旧宣武区
006 王府井と市街東部
007 北京動物園と市街西部
008 頤和園と西山
009 盧溝橋と周口店
010 万里の長城と明十三陵

【天津 - まちごとチャイナ】

---

001 はじめての天津
002 天津市街
003 浜海新区と市街南部
004 薊県と清東陵

【上海 - まちごとチャイナ】

---

001 はじめての上海
002 浦東新区
003 外灘と南京東路
004 淮海路と市街西部
005 虹口と市街北部
006 上海郊外（龍華・七宝・松江・嘉定）
007 水郷地帯（朱家角・周荘・同里・甪直）

【河北省 - まちごとチャイナ】

001 はじめての河北省
002 石家荘
003 秦皇島
004 承徳
005 張家口
006 保定
007 邯鄲

【江蘇省 - まちごとチャイナ】

001 はじめての江蘇省
002 はじめての蘇州
003 蘇州旧城
004 蘇州郊外と開発区
005 無錫
006 揚州
007 鎮江
008 はじめての南京
009 南京旧城
010 南京紫金山と下関
011 雨花台と南京郊外・開発区
012 徐州

【浙江省 - まちごとチャイナ】

001 はじめての浙江省
002 はじめての杭州
003 西湖と山林杭州
004 杭州旧城と開発区
005 紹興
006 はじめての寧波
007 寧波旧城
008 寧波郊外と開発区
009 普陀山
010 天台山
011 温州

【福建省 - まちごとチャイナ】

001 はじめての福建省
002 はじめての福州
003 福州旧城
004 福州郊外と開発区
005 武夷山
006 泉州
007 厦門
008 客家土楼

【広東省 - まちごとチャイナ】

001 はじめての広東省
002 はじめての広州
003 広州古城
004 天河と広州郊外
005 深圳（深セン）
006 東莞
007 開平（江門）
008 韶関
009 はじめての潮汕
010 潮州
011 汕頭

【遼寧省 - まちごとチャイナ】

001 はじめての遼寧省
002 はじめての大連
003 大連市街
004 旅順
005 金州新区

006 はじめての瀋陽
007 瀋陽故宮と旧市街
008 瀋陽駅と市街地
009 北陵と瀋陽郊外
010 撫順

【重慶 - まちごとチャイナ】

001 はじめての重慶
002 重慶市街
003 三峡下り（重慶～宜昌）
004 大足

【香港 - まちごとチャイナ】

001 はじめての香港
002 中環と香港島北岸
003 上環と香港島南岸
004 尖沙咀と九龍市街
005 九龍城と九龍郊外
006 新界
007 ランタオ島と島嶼部

【マカオ - まちごとチャイナ】

001 はじめてのマカオ
002 セナド広場とマカオ中心部
003 媽閣廟とマカオ半島南部
004 東望洋山とマカオ半島北部
005 新口岸とタイパ・コロアン

【Juo-Mujin（電子書籍のみ）】

Juo-Mujin 香港縦横無尽
Juo-Mujin 北京縦横無尽
Juo-Mujin 上海縦横無尽

【自力旅游中国 Tabisuru CHINA】

001 バスに揺られて「自力で長城」
002 バスに揺られて「自力で石家荘」
003 バスに揺られて「自力で承徳」
004 船に揺られて「自力で普陀山」
005 バスに揺られて「自力で天台山」
006 バスに揺られて「自力で秦皇島」
007 バスに揺られて「自力で張家口」
008 バスに揺られて「自力で邯鄲」
009 バスに揺られて「自力で保定」
010 バスに揺られて「自力で清東陵」
011 バスに揺られて「自力で潮州」
012 バスに揺られて「自力で汕頭」
013 バスに揺られて「自力で温州」

【車輪はつばさ】
南インドのアイ
ラヴァテシュワラ
寺院には建築本体
に車輪がついていて
寺院に乗った神さまが
人びとの想いを運ぶと言います。

・本書はオンデマンド印刷で作成されています。
・本書の内容に関するご意見、お問い合わせは、発行元の
まちごとパブリッシング info@machigotopub.com までお願いします。

まちごとチャイナ
香港006新界
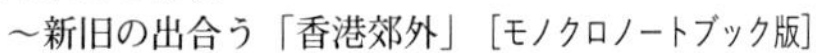
～新旧の出合う「香港郊外」[モノクロノートブック版]

2017年11月14日　発行

著　者　「アジア城市（まち）案内」制作委員会
発行者　赤松　耕次
発行所　まちごとパブリッシング株式会社
〒181-0013　東京都三鷹市下連雀4-4-36
URL　http://www.machigotopub.com/
発売元　株式会社デジタルパブリッシングサービス
〒162-0812　東京都新宿区西五軒町11-13
清水ビル3F
印刷・製本　株式会社デジタルパブリッシングサービス
URL　http://www.d-pub.co.jp/

MP108

ISBN978-4-86143-242-2 C0326　　Printed in Japan